—————— FRAU HERZ ——————

VON DER MAGIE, DEINE
EIGENE *Heldin*
ZU SEIN

✠ | FISCHER

Inhaltsverzeichnis
SCHRITT FÜR SCHRITT

Dieses Buch ist für jeden
von uns, der das Gefühl hat,
sich nicht richtig zu spüren.
Du bist auf dem richtigen Weg.

Und für meine Eltern.
Weil sie mich bei jedem
meiner noch so verrückten
Träume unterstützt haben.

Bevor du dich fragst,
was andere über dich denken,
frage dich,
was du über dich selbst denkst.

Begrüße die Heldin in dir

»Selbstliebe sieht nur von außen aus wie Egoismus.« Mit diesen Worten lächle ich meinen Freunden immer wieder ins Gesicht, wenn ich mich mutig für meine eigenen Bedürfnisse anstatt die Erwartungen der anderen entscheide, sie mich zynisch anschauen und sagen: »Du bist echt egoistisch geworden.« Ich weiß, dass sie das nicht allzu ernst meinen, doch in gewisser Weise ist da schon etwas dran. Wir sagen viel zu oft Ja, obwohl wir eigentlich Nein meinen. Es fällt uns schwer, uns unsere eigenen Grenzen zu setzen und auch zu halten, und eigentlich wissen wir oft gar nicht, ob unsere Gefühle wirklich »richtig« sind. Wir fühlen uns fremdgesteuert oder erwischen uns im stundenlangen Gedankenkreisen und Grübeln, weil wir Angst haben, von anderen abgelehnt zu werden. Ein wenig Egoismus würde vielen von uns wohl nicht schaden!

Dieses Buch soll ein Geschenk für dich selbst sein. Ein Wegweiser, Kompass, eine Motivation, dich ein wenig intensiver mit dir selbst zu beschäftigen. Kapitel für Kapitel nehme ich dich durch die verschiedenen Bereiche der Persönlichkeitsentwicklung mit. Ich erzähle dir aus meinem Leben, den Gipfeln und Tälern, meinen Gefühlen und Erfahrungen. Zwischen den Kapiteln warten nicht nur bunte Bilder von meinen Reisen und Abenteuern auf dich, sondern auch Porträts von vielen verschiedenen Frauen. Es war mir sehr wichtig, ganz unterschiedliche Menschen für dieses Buch zu fotografieren.

Des Weiteren warten viele Selbstliebe-Impulse, Achtsamkeitsübungen, Tipps zum direkten Umsetzen und viele, viele Fragen auf dich! Nimm dir Zeit, diese auszufüllen, und mache dir keinen Druck, wenn es dir schwerfällt, Antworten zu finden. Manchmal müssen Dinge in uns auch erst mal »nachwirken«, bevor wir sie in Worte fassen können. Immer wieder findest du in den Kapiteln QR-Codes, die dich direkt zu einer dazugehörigen Podcastfolge leiten. Scanne sie mit deinem Handy und du kommst direkt zum Online-Player.

Hinter »Frau Herz« stecke übrigens ich, Alexandra, ein Freigeist mit ganz großen Träumen. Mit nur sechzehn Jahren startete ich als Fotografin in meine Selbstständigkeit, machte parallel eine Ausbildung zur Mediengestalterin und bildete mich mit Mitte zwanzig zur kreativen Tanz- und Ausdruckstherapeutin weiter. Von klein auf liebe ich das Schreiben und Sprechen und so fülle ich meinen Blog und meinen Podcast wöchentlich mit neuen Themen. Ich liebe es, Dinge sichtbar zu machen.

Und da verbinden sich auch alle meine Leidenschaften und Talente: im Ausdruck! Die Fotografie ermöglicht es mir, Momente einzufangen und sie emotional auszudrücken. In meinen Seminaren und Workshops liegt der Fokus auf dem »Sichtbarmachen« des eigenen Potentials, um für uns selbst einen Weg zu finden, uns auszudrücken. Und in Wort und Sprache habe ich mein Medium gefunden, meinen inneren Themen Raum zu geben. In jedem von uns schlummert so viel Talent! Wir müssen uns nur auf die Reise begeben, es in uns freizusetzen.

SEI GUT
ZU DIR SELBST

Sich selbst zu lieben ist auf der einen Seite nicht immer leicht, auf der anderen Seite eines der schönsten Gefühle der Welt. Ich glaube nicht, dass es das Ziel ist, jeden Tag durchgängig glücklich zu sein. Für mich geht es eher darum, mich in meinem gesamten Facettenreichtum annehmen zu können und mir auch dann ein gutes Zuhause zu sein, wenn dunklere Tage kommen. Wir beginnen unglaublich schnell, uns für unsere Gedanken und Gefühle zu bewerten oder zu rechtfertigen, und das am meisten vor uns selbst. Dabei ist Kälte manchmal einfach nur kalt und nicht gleich ein Grund dafür, Angst vor dem Erfrieren zu haben. Das, was wir über uns selbst denken, und die Art und Weise, wie wir mit uns umgehen, hat den größten Einfluss auf unsere Persönlichkeit und unser Leben. Dieses Buch soll dir helfen, dich selbst ein wenig besser kennenzulernen und verschiedene Denkansätze zu hinterfragen. Es soll dich unterstützen, in dir drin die Sicherheit zu finden, von der du manchmal hoffst, sie in anderen Menschen zu finden. Veränderung ist ein Prozess, und Veränderung darf langsam passieren, in kleinen Schritten.

Ich freue mich, dass du den ersten bereits gegangen bist und wünsche dir wertvolle Erkenntnisse und viele Aha-Momente mit deinem Selbstliebe-Kompass.

Deine Alexandra

Die Beziehung, die du mit dir selbst führst, ist die Grundlage, für alle Beziehungen, die du eingehen wirst.

Selbstliebe?

Selbstliebe, was ist das eigentlich? Ist es einer der neuen Trends, denen man eben so folgt, wenn man sich auf den Wegen der Persönlichkeitsentwicklung befindet? Kommt Selbstliebe gleich nach Achtsamkeit, Yoga und der gesunden Work-Life-Balance? Ist Selbstliebe gerade total in und wird schon bald von etwas Neuem ausgestochen?

Sich selbst im Fokus haben, auf sich achten und gut mit sich umgehen! Darum soll es bei dieser Selbstliebe also gehen, wenn man die Mittezwanzigjährigen dazu befragt.

Doch was ist Selbstliebe? Ist es Selbstliebe, dass ich um mich herum Kerzen und Räucherstäbchen anzünde, Musik laufen lasse und sogar das Bett mit meiner neuen Bettwäsche überzogen habe? Wie sich mein kuscheliger Bademantel an meine frisch rasierten Beine schmiegt, wie ich mir einen Tee aufbrühe, der neben mir auf meinem Nachttisch dampft?

Ist es Selbstliebe, weil ich es mir hier gerade schön mache, um diesem besonderen Augenblick, dem Beginn des Buchs, einen würdigen Rahmen zu geben?

Ratgebern zufolge ist ein »Me-Time«-Abend ja Balsam für die Seele und super selbstliebeverdächtig! Doch ist das alleine wirklich schon Selbstliebe?

Ich könnte dir erzählen, dass ich bei jedem Zwinkern die Trockenheit meiner Augen spüre, weil sie vom Weinen leer sind. Dass meine Lippen spröde sind, weil ich eigentlich keinen Schluck Flüssigkeit hinunterbekomme, und dass mein Herz müde ist, weil es so viel kämpfen muss.

Ich könnte dir erzählen, wie fremd sich der Ort anfühlt, an dem ich eigentlich zu Hause bin. Wie dieses weiche, wundervolle Bett manchmal so leer und kalt ist.

Und dann frage ich mich, ist Selbstliebe wirklich so klar definierbar?
»Wenn du dir selbst ein gutes Zuhause bist, kannst du überall in der Welt zu Hause sein und brauchst gar keine Wohnung.« Diesen Satz habe ich noch vor einer Weile gepredigt, als ich nur mit einem Koffer von zu Hause weg bin, um herauszufinden, was das Leben noch alles für mich bereithält.

Ich habe meinen damaligen Partner verlassen, bin zu meiner besten Freundin gezogen, wir haben eine Firma gegründet und zusammen innerhalb von 12 Monaten auf 5 verschiedenen Kontinenten 21 unterschiedliche Länder bereist.

Warum ich das getan habe? Ehrlich gesagt, kann ich dir das heute gar nicht mehr so genau sagen. Es war nicht so, dass da plötzlich diese Entscheidung in meinem Kopf war, ich morgens aufgewacht bin und wusste, »ich muss weg«. Es war viel mehr so, dass mein Leben alle Ereignisse und Gedanken in diese Richtung gelenkt hat. Es haben sich plötzlich so viele neue Wege und Möglichkeiten in mir und um mich herum aufgetan. Und da wusste ich: Ich darf mich verändern. Das Leben bietet mir diese Möglichkeit genau jetzt, weil dahinter eine sehr große Chance liegt, mein volles Potenzial zu nutzen. Ich habe mich plötzlich so verloren gefühlt, so fehl am Platz in diesem alten Leben. Es schien mir, als würde ich nur 60 % meines ganzen Facettenreichtums wirklich aktiv nutzen und ausleben können. Wir haben doch nur dieses eine Leben. Ich musste es verlassen, weil ich mir selbst und all den anderen ein gutes Vorbild darin sein wollte, die eigenen Träume zu verwirklichen.

Ist es Selbstliebe, einen Menschen, der dir bedingungslos alles zur Verfügung gestellt hat, der sein Leben mit dir teilen wollte, der dir sein Versprechen fürs Leben gegeben hat – ist es wirklich Selbstliebe? –, diesen Menschen zu verlassen, weil man merkt, dass man nicht mehr glücklich ist und sich die Beziehung in eine unausgeglichene Richtung verändert?

Ist das Selbstliebe – oder ist das Egoismus? Wo hört Selbstliebe auf? Wann fängt Egoismus an? Sind die, die sich immer für andere aufopfern, ihr Leben für andere

geben, mehr für andere als für sich selbst tun, sind die dann egoistisch, nur weil sie beginnen, sich selbst zu lieben und ein wenig mehr auf sich und ihre Grenzen zu achten? Und die, die eh schon egoistisch sind und nach außen mit großem Selbstbewusstsein strotzen, sind die dann auch wirklich permanent mit ihrer Selbstliebe verbunden und tatsächlich achtsam mit sich selbst? Oder ist der große Schein auch manchmal eine Fassade, hinter die man von außen schlecht blicken kann? Selbstliebe. Ein großes Wort.

Es war ein langer Weg, mich selbst so lieben zu können, wie ich bin. Er war gezeichnet von großer Unsicherheit, von Gefühlen, die ich nicht einordnen konnte, von Angst und Zweifeln, Erfolgen und Entscheidungen. Das Schwierige und vielleicht auch das Besondere an der Selbstliebe ist, dass dieser Weg niemals endet. Immer wieder stehen wir vor neuen Herausforderungen, neuen Abschnitten und Gefühlen. Unsere Selbstliebe begleitet uns dabei, doch es ist ein Prozess, der sich entwickelt und dabei unterschiedliche Phasen durchläuft.

SELBSTLIEBE IST EINE AUFGABE, AN DER WIR JEDEN TAG NEU ARBEITEN KÖNNEN.

Wir wachsen zusammen, wir scheitern, wir zweifeln uns manchmal an, wir lieben uns, wir sind süchtig nacheinander. Manchmal verteufle ich die Selbstliebe genau in den Momenten, in denen sie mich weich und verletzlich macht, obwohl ich eigentlich stark und taff sein wollte. Und dann, dann bin ich ihr doch ein wenig dankbar, dass sie mich weich gemacht hat. Dann bedanke ich mich bei meiner Selbstliebe, schütze sie, liebe sie.

Ich glaube, es wäre nicht authentisch – wo wir beim Trendwort 2018 wären –, wenn ich ein Buch darüber schreiben würde, wie perfekt ich in meiner Selbstliebe angekommen bin, wie toll ich auf mich achte und wie perfekt alles ist. Das ist es nicht. Das ist es bei niemandem. Und jeder, der mir da widerspricht, lügt. Denn wir alle zweifeln an uns, wir stellen uns in Frage und reflektieren uns. Und das ist unglaublich wichtig! Denn nur so können wir uns weiterentwickeln. Das hat mir schon mein Papa beigebracht: »Wenn mir Kunden sagen, das machen wir, weil wir das schon immer so gemacht haben, dann ist das Stillstand. Und Stillstand heißt: keine Entwicklung!« Und so ist es auch mit unserer persönlichen Weiterentwicklung. Wir bleiben stehen, wenn wir nicht immer wieder mal kurz innehalten würden, uns nachfühlen und neue Erfahrungen machen.

Denn jede Erfahrung gibt uns wieder mehr Wissen, wir können durch Gefühle so viel über uns selbst lernen, an uns reifen, über uns hinauswachsen, andere Menschen verstehen, fühlen, denken ... Wir sollten für jede Erfahrung dankbar sein. Nur durch sie verändern und entwickeln wir uns. Und deshalb liebe ich es, mich auch manchmal dem Schmerz hinzugeben, weil ich danach wieder ausgeglichener bin.

Das Leben ist ein Pendel. Wir verhärten, wenn wir auf einer der beiden Seiten verharren. Die Selbstliebe ist also nie vollendet oder erreicht, sie verändert sich mit uns. Sie wird bei jeder neuen Erfahrung mit uns wachsen, manchmal wird sie wieder geprüft, auf die Probe gestellt oder gar mal vernachlässigt.

Doch was ist denn eigentlich richtige Selbstliebe, und wie viel sollte ein Mensch im Durchschnitt davon in sich tragen? »Ich habe in meinem Leben vermutlich noch nicht mal halb so viel mitgemacht wie Sie, und ich bin doppelt so alt!«, hat eine Therapeutin mal zu mir gesagt. Insgesamt zwanzig Wochen habe ich stationär in einer Klinik verbracht wegen schweren Depressionen, Panikattacken, einer Herzrhythmusstörung, einem bösen Trauma und unzähligen körperlichen Symptomen wie Schwindel, Schwächeanfällen, Entzündungen und Hautausschlägen. Ich war am Boden. Doch auch oder vor allem für diese Zeit liebe ich mich. Ich habe unglaublich viel gesehen, erlebt, verwirklicht, erreicht, verloren, gezweifelt und aufgegeben. Doch mein Körper spricht zu mir, meine innere Stimme kann ich nicht überhören.

Und ich möchte dir zeigen, wie auch du das erreichen kannst.

Das hier ist kein Ratgeber »Liebe dich selbst in 10 Schritten« oder »In 8 Wochen zum besseren Ich«.

Dieses Buch soll ein Liebesbrief an dich selbst sein. Denn Selbstliebe braucht keinen Druck, kein Zeitfenster und keinen Wegweiser. Sie darf wachsen.

In diesem Buch möchte ich dich mit auf eine Reise nehmen. Durch Zweifel und Ängste, durch Selbstfürsorge und Vergebung, durch mein Inneres Kind hin zur Geschäftsfrau.

Ich möchte dir die Augen öffnen, dein Interesse an dir selbst wecken, dass du dir selbst eine gute Freundin bist. Oder es wenigstens versuchst zu lernen. Ich möchte, dass du wieder zu Hause ankommst, bei dir, bei deinen Bedürfnissen. Ich möchte, dass du deine Grenzen ertastest und deine Impulse wieder schätzt, auf eine sanfte und liebevolle Art und Weise. Dieses Buch soll dich begleiten und erinnern, es soll dir

Lust machen, dich selbst ein wenig mehr zu lieben und aufmerksamer mit deinen Bedürfnissen umgehen.

Und deshalb ist deine erste Aufgabe, dich erst mal bei dir selbst zu bedanken. Du hast dir dieses Buch gekauft, weil du dich für Selbstliebe interessierst, weil du es dir wert bist, diese Zeit in dich selbst zu investieren. Vielleicht hast du es dir gerade mit einer Tasse Tee bequem gemacht, vielleicht stehst du noch im Buchladen und blätterst in den ersten Seiten, vielleicht bist du neugierig und schaust in das Buch deiner Freundin, doch das Wichtigste ist: Du tust es. Du nimmst dir jetzt Zeit, diese Zeilen zu lesen, und das ist ein Danke wert. Du nimmst dir Zeit für dein Interesse, deine Neugier oder auch, Wissen in dich zu investieren. Dich weiterzubilden, die Worte eines anderen Menschen zu lesen. Und ich glaube, da beginnt Selbstliebe im Alltag auch schon. Wann sagst du eigentlich mal DANKE zu dir selbst?

Wie gehst du mit dir selbst um? Bedankst du dich für die Dinge, die du tust, oder die Art und Weise, wie du deinen Alltag meisterst? Wann hast du dich das letzte Mal bei deinen Augen bedankt, dass sie so wundervoll funktionieren und dir ermöglichen, das Leben in so vielen verschiedenen Facetten zu sehen?
In der heutigen Zeit haben wir so unendlich viele Möglichkeiten, und da ist es gar nicht so verwerflich, immer wieder mal den Überblick zu verlieren. Doch die Kunst, sich selbst zu lieben, liegt in den kleinen Augenblicken. In den Momenten, die wir fast schon übersehen, weil wir sie für selbstverständlich halten.

Und ich glaube, was superwichtig am Anfang des Ganzen ist: Du bist nicht deine Gefühle.

DU MACHST DEINE GEFÜHLE SELBST.

Du bist Herrin der Kraft, Schöpferin des Denkens – du hast es in der Hand. Und wenn du dich erinnerst, heißt das nicht, dass du immer nur positiv denken musst – wir merken uns: Pendeln ist wichtig. Doch ich habe ein wichtiges Geheimnis in der Selbstliebe, einen Schlüssel, der mich durch jede Erfahrung näher zu mir selbst bringt, der mir immer wieder Sicherheit gibt: Ich bin gut zu mir. Egal ob ich leide, zweifle oder krank bin. Ich bin mir selbst dankbar. Mir und meinem Körper. Für alles. Für jeden Pickel, jede Zyste, jede Narbe. Ich danke ihm dafür. Denn alles hat einen tieferen Sinn. Nichts ist einfach grundlos da. Unser Körper spricht zu uns. Und ich glaube, dass dieses Geheimnis der Schlüssel zu allem ist.

Alles, was du im Außen, also quasi in den Menschen um dich herum oder in den Beziehungen zu ihnen, suchst, um dich selbst zu lieben, trägst du eigentlich schon in dir. Du solltest also lernen, wie du es in dir selbst findest, oder all die Mauern, die du in dir gegen die Selbstliebe gebaut hast, suchen und abbauen. Stück für Stück.

Ich werde dir Alltagstipps mit auf den Weg geben, die dir helfen, dich dir anzunähern. Und ich werde dir von meinem Leben erzählen, wie ich es geschafft habe, zwischen all den schwierigen Phasen die Verbindung zu meiner Seele nicht zu verlieren. Und ich erzähle dir, was passieren musste, dass ich sie fast verloren hätte.

Ich freue mich so sehr darauf, mit dir loszulegen! Danke für dein Vertrauen und dafür, dass du dich mit mir auf diese Reise begibst!

WAS IST SELBSTLIEBE FÜR DICH?

WOFÜR BIST DU HEUTE DANKBAR?

WIE OFT AM TAG NIMMST DU DIR ZEIT,
UM IN DICH SELBST REINZUHÖREN UND DICH
SELBST ZU SPÜREN?

WIE SPRICHST DU ZU DIR SELBST?
WELCHE WORTE VERWENDEST DU?

BEHANDELST DU DICH SELBST SO, WIE DU
DEINE BESTE FREUNDIN BEHANDELST ODER
VON IHR BEHANDELT WERDEN MÖCHTEST?

WIE VERTRAUT BIST DU MIT DEINEM
KÖRPER? WIE ACHTSAM WENDEST DU DICH
DEINEM KÖRPER ZU? WIE ZÄRTLICH CREMST
DU BEISPIELSWEISE DEIN GESICHT EIN?
WIE BERÜHRST DU DICH SELBST?

HÄNGEN AN DEINEN WÄNDEN BILDER
VON DIR SELBST?

Selbstliebe – Impulse

VON BEDINGUNGSLOSEM GLEICHGEWICHT
UND DEM ANERKENNEN EINER WIRKLICH
großen Ressource

Worte zu analysieren ist eine meiner versteckten Leidenschaften. In der deutschen Sprache verstecken sich hinter so vielen einfachen Worten wahre Schätze. Wenn wir das Wort Gleichgewicht mal auseinanderzunehmen, bedeutet es, dass zwei oder mehrere Dinge das gleiche Gewicht haben, also gleich schwer sind bzw. gleich viel oder wenig wiegen. Wir wünschen uns oft Gleichgewicht. Doch wenn es dann wirklich so weit kommt, dass zwei Dinge das gleiche Gewicht haben, können wir es nicht annehmen. So ist das vor allem bei Gefühlen. Wir wollen glücklich und leicht sein, doch ertragen die Traurigkeit und die Schwere nicht. Wir wollen Tiefe und tragfähige Beziehungen, doch scheuen Konflikte und meiden Enttäuschung. (Enttäuschung ist übrigens auch so ein megageiles Wort – die Täuschung hat ein Ende – unfassbar aussagekräftig!). In unseren Köpfen spielt sich oft alles gleich ab: Gut drauf ist positiv, schlecht drauf ist negativ. Freizeit ist gut, Arbeit ist schlecht. Der Tag ist hell, die Nacht ist dunkel. Hell ist gut, dunkel ist schlecht. Nur leider macht das überhaupt keinen Sinn.

Die Natur, für mich die größte Inspirationsquelle der Welt, zeigt uns das auf sehr eindrückliche Weise. Es kann ohne Sommer keinen Winter geben, ohne Dunkelheit keine Helligkeit, ohne Nordpol keinen Südpol. Es gibt ohne Neumond keinen Vollmond, ohne Herbst keinen Frühling, alles in der Natur bedingt sich. Es wächst keine Blume, die das ganze Jahr über blüht, und jeder weiß, damit der Baum neue Blätter bekommen kann, muss er erst seine alten Blätter verlieren.

Doch warum wehren wir Menschen uns so oft gegen die Dunkelheit? Was haben vermeintlich negative Gefühle so Schlimmes an sich, dass wir versuchen, sie zu ignorieren, manchmal sogar verdrängen?

Vielleicht liegt es daran, dass wir uns schnell überfordert fühlen, uns als machtlos empfinden oder sogar das Gefühl haben, wir sind der Situation ausgeliefert, wenn wir tiefe Gefühle zulassen. Denn jeder von uns ist doch lieber gut als schlecht drauf. Wir erleben lieber schöne Sommertage als melancholische Wintertage. Das ist die Natur des Menschen. Eigentlich wollen wir uns gut fühlen und uns auf der positiven Seite des Lebens befinden. Doch irgendwie ist da der Wurm drin, denn wenn man sich unsere Gesellschaft mal so

Manchmal hilft es einfach,
die Augen zu schließen,
die Arme auszubreiten
und für einen Moment die
Sehnsucht des Lebens zu
inhalieren. Mach dich frei,
lass los und trage dein
Leuchten in die Welt.

ansieht, dann entdecken wir eine Menge Menschen, die jammern, nichts ändern, sich hinter ihren Mustern verstecken, lästern und eigentlich die ganze Welt schlechtreden. Obwohl die Welt damit einfach mal gar nichts zu tun hat.

In meinen Augen gibt es in diesem ganzen komplexen Wunder, das wir Leben nennen, ein ganz großes Geheimnis, einen Schlüssel zu kompletter Vollkommenheit, innerer Ruhe und bedingungsloser Selbstannahme.
Und dieser Schlüssel lautet: Pendeln.

DAS LEBEN BESTEHT NICHT NUR AUS EINER SEITE, DIE WIR KRAMPFHAFT VERSUCHEN MÜSSEN ZU HALTEN. DAS LEBEN BEDINGT SICH AUS DEM GLEICHGEWICHT GANZ VIELER UNTERSCHIEDLICHER TEILE.

Wir brauchen Familie und Freunde, privat und beruflich, wir brauchen Urlaube und Zeit zu Hause, Zeit mit unseren Kindern und auch Zeit für uns alleine. Wir brauchen Musik und Stille, Sehnsucht und Träume. Und so ist das auch bei unseren Gefühlen. Wir brauchen sie alle, um uns zu entwickeln und persönlich wachsen zu lassen. Wir brauchen die Traurigkeit, um wirkliche Freude spüren zu können. Wir brauchen Trauer, um die Liebe zu erforschen. Ich dachte wirklich, ich weiß, was Liebe ist, doch als ich die Trauer in mein Leben ließ, eröffnete sich mir eine ganz neue Dimension.
Das Leben besteht aus einem Pendeln, wir verhärten, wenn wir auf einer der Seiten stehen bleiben. Wir kommen ins Ungleichgewicht, wenn wir versuchen, die Balance auf nur einer der Seiten zu halten.

Ich möchte die Seiten nicht als gut oder schlecht bezeichnen, das wäre falsch. Deswegen nenne ich sie jetzt fortlaufend die helle und die dunkle Seite. Die dunkle Seite ist nichts Schlechtes, sie ist vielleicht unerforschter, unsicherer und düsterer, sie vermag manchmal mit den Tiefen ihrer Unberechenbarkeit sehr bedrohlich auf uns wirken. Doch sie ist nicht schlecht. Die dunkle Seite des Lebens zeigt uns unsere Sehnsüchte, unsere Ängste, unser Entwicklungspotential. Und ich kann dir aus eigener Erfahrung sagen, dass deine eigenen Abgründe es wert sind, erforscht zu werden. Oftmals vermeiden wir es, dort genauer hinzuschauen, weil wir Angst haben, es könnten unverarbeitete Dinge aufbrechen, Gefühle hochkommen, die uns aus unserer Mitte reißen. Doch ganz ehrlich?
Es kann dich nichts aus deinem Leben reißen, was nicht eh schon in dir ist. Auch die dunkle Seite ist ein Teil von dir, den du jeden Tag mit dir durch dein Leben trägst. Und auch wenn du ihr nicht so viel Aufmerksamkeit schenkst, ist sie trotzdem da. Sie begleitet dich. Und ich möchte dir ein bisschen Mut machen, dich auch diesen Anteilen von dir zu widmen. Ich weiß sehr gut, wie viel Angst das macht. Und auch ich kenne das Gefühl, eher zu verdrängen, anstatt den Sehnsüchten mal in die Augen zu sehen. Doch es wird sich sehr lohnen. Nur dazu muss ich etwas ausholen.

Es ist kurz nach halb drei. Die Sonne hat den Oktobernachmittag in ein mildes, goldenes Licht getaucht. Ich schleiche auf Zehenspitzen durchs Haus. In meinem Elternhaus ist so viel Leben, so viel Erinnerung, so viel Geschichte. Ich blicke aus dem Wohnzimmer durch die große Fensterfront in den Garten. Der Wind wirbelt Laub auf, und es sieht aus, als würden die Blätter ihren ganz eigenen Rhythmus tanzen. Wie viele Sommer haben wir dort draußen verbracht?

Ich sehe mich mit meinem Bruder durch den Garten rennen, während uns Papa mit dem Wasserschlauch hinterherjagt und wir in lautem Gelächter ins Gras fallen und kuscheln. Ich sehe uns mit der ganzen Familie bis spät in die Nacht auf den Gartenstühlen am Lagerfeuer sitzen und essen. Dieser Garten ist der Ort meiner Kindheit, er ist das Fundament meiner glücklichsten Tage. Und gerade im Moment fühlt er sich so fremd an.

Ich atme tief durch, drehe meinen Kopf zur Seite und sehe die andere Seite des Lebens. Mein Papa liegt vor mir. Seine Augen sind geschlossen, sein Brustkorb hebt und senkt sich immer wieder in unregelmäßigen Abständen. Ich weiß nicht, was hier passiert ist, ich kann es nicht deuten. Ich weiß nicht, wie es weitergeht. Vielleicht gibt es ein Wunder, vielleicht kommt morgen ein neuer Tag, an dem irgendetwas Magisches passiert. Wir hätten es verdient. Er hätte es verdient.
Ich setze mich neben ihn, rücke den knarrenden Stuhl ein wenig näher an sein Bett. In einer Nacht-und-Nebel-Aktion haben wir es in der Mitte des Wohnzimmers aufgebaut, damit Papa endlich wieder zu Hause sein kann. Die letzten Wochen auf der Intensivstation waren unbeschreiblich grausam für uns alle. Jetzt sind wir zu Hause. Zusammen zu Hause. Er hat es sich gewünscht. Wir haben es uns gewünscht. Es ist Zeit, Abschied zu nehmen. Mein Papa, der Held meiner Kindheit, mein Fels in der Brandung, mein großes Vorbild wird sterben. Und ich habe keine Ahnung, was das für mich bedeuten wird. Es macht mir sicherlich Angst, irgendwo in mir drin. Doch diese Angst hat sich in das hinterste Eck meiner Seele vergraben, es ist nicht

präsent. Wichtig ist jetzt, dass ich einfach nur da bin.

Papa dreht seinen Kopf zu mir, seine Hand streicht über meine Wange. Wir schauen uns wortlos an. Wir schauen uns nicht wortlos an, weil es nichts zu sagen gibt oder weil es einer dieser Momente ist, in denen man lieber still sein sollte. Wir sehen uns einfach nur wortlos an, weil wir keine Worte brauchen, mein Papa und ich verbinden uns immer über unser Gefühl. Ich weiß, dass er gerade daran denkt, wie stolz er auf mich ist. Ich weiß, wie es ihn innerlich zerreißen würde, wenn er daran denken würde, dass er seine kleine Prinzessin niemals als Braut zum Altar führen wird. Der Schmerz, den er in diesem Moment fühlen würde, würde seine Brust erdrücken und sein Herz zum Stehen bringen. Mein Papa ist kein Mensch, der sich dem Schmerz hingibt. Mein Papa sieht immer nur das Gute. Gerade sieht er nur mich und seinen Stolz. Wir müssen uns nicht verabschieden, weil wir beide nicht eine Sekunde daran denken, dass es morgen vorbei sein könnte. Auch wenn unsere Seelen es schon lange wissen. Der Tee, den ich mir aufs Fensterbrett gestellt habe, ist lange kalt geworden, denn dieser Moment, der sich rückwirkend anfühlt wie eine Sekunde, dauerte vermutlich über mehrere Stunden. Ich funktioniere. Mein Körper funktioniert. Ich habe eine Aufgabe.

Mit und für Papa stark sein, Mama unterstützen, Familienmitglieder informieren, Essen kochen, einkaufen, andere beim Weinen halten, Papas Füße massieren, immer positiv denken, ein bisschen schlafen und essen, aber Hauptsache: immer da sein. Es gibt für mich nichts Besseres, als mitten im Geschehen zu stehen. Ich bin eine Macherin, ich muss anpacken, ich muss mitwirken, ich fühle mich am hilflosesten, wenn ich nichts tun kann. Das Machen ist meine Flucht. Im Umsetzen kann ich meine Emotionen hintenanstellen. Und das funktioniert so lange gut, wie mein Körper mich eben machen lässt.

Es ist Montagmorgen. Ich wache neben meiner Mama auf. Ich drehe mich noch mal um, um zu vermeiden, dass dieser Tag anfängt. Seit Wochen beginnt jeder Morgen gleich. Ich wache auf und bin innerlich hellwach. Ich spüre meinen Körper nicht wirklich, doch mein Geist ist sofort anwesend. Ich bin wie in einem Zwischenfenster, einem Trancezustand. Doch ich möchte meine Augen nicht öffnen.
»Wenn ich meine Augen jetzt nicht aufmache, wird der Tag nicht beginnen. Dann ist all das nicht passiert«, denke ich und ziehe mir die Decke übers Gesicht.
Dieses Gefühl hat sich in meinen Körper gebrannt, es ist der Übergang in die Realität, es ist der Moment, in dem du weggerissen wirst von all der Ruhe und dem Frieden, den du im Schlaf in dir getragen hast. Ich blicke auf die andere Seite des Doppelbetts, meine Mama liegt immer noch wach.
Wir suchen Lieder für die Beerdigung raus. Mein Papa ist seit zwei Tagen tot. Ich merke, wie die Phase, in der ich gerade noch so viel tun konnte, langsam abklingt. Ich falle in meine Einsamkeit, in die Fassungslosigkeit. Alles ist taub. Ich falle in mich und spüre, da ist nicht viel Substanz.

Es ist wie ein unfassbar starker Orkan, in dem ich gefangen bin, es war wie eine andere Welt, die letzten Monate. Mein ganzes Leben war auf das Minimum runtergeschrumpft. Es gab nur mich und meine Familie, den innersten Kern. Alles andere blieb still. Es gab nur noch einen Fokus, alles andere ist in den Hintergrund gerutscht. Für uns gab es in dieser Situation immer nur den aktuellen Moment, ohne Plan, was der nächste Morgen so bringt.

Ich stehe auf der Kreuzung in dem kleinen Ort, in dem ich aufgewachsen bin. Ich wollte irgendwo hinfahren, aber ich kann mich nicht mehr erinnern, wohin. Ich bin leer, schwach, hilflos. Die Supermärkte öffnen ihre Türen wie an jedem anderen Tag auch, im Radio laufen die Lieder, die ich gerade noch mit meinem Papa gesungen habe. Scheiße verdammt, ich dachte, die Welt bleibt stehen, wenn Menschen sterben – ich dachte, alles ist wie versteinert. Aber die Realität und das viel Schlimmere an der Sache ist: Sie dreht sich einfach weiter. Die Welt dreht sich weiter, obwohl mein Mittelpunkt nicht mehr da ist: das, worum sich ja alles irgendwie gedreht hat. Meine Heimat, mein Ursprung, meine Entstehung, meine Eltern. Meine Eltern sind nicht mehr da, in gewisser Weise beide nicht mehr. Denn mein Papa hat auch einen Teil meiner Mama mitgenommen. Und ich bin mir sicher, dass ich diesen Teil auch für immer verabschiedet habe, als ich seine Hand bei seinem letzten Atemzug gehalten habe.

ES FÜHLTE SICH ALLES ENTWURZELT AN.

Ich habe viel abgenommen, mein Rücken schmerzte. Im CT kam raus, dass ich einen Bandscheibenvorfall hatte, die Last der letzten Monate war einfach zu viel. Das spürte ich nie im Moment direkt, sondern erst dann, wenn der Stress endlich nachließ. Hätte ich die Wahl, würde ich lieber den Stress zurücknehmen und verdrängen, anstatt diese Leere zu spüren. Angst durchströmte meinen Körper. Ich weiß gar nicht genau, vor was ich eigentlich Angst hatte. Alles fühlte sich bedrohlich an, vor allem die Angst vor einer neuen Panikattacke. Meine Atmung war flach, mir tat mein Herz weh. Ich hatte eine akute Herzmuskelentzündung, seitdem schiebt sich ein Herzfehler immer wieder in die kleinsten Momente in meinem Alltag. Fast so, als würde mein Herz um Liebe und Hilfe schreien, aber ich kann es nicht hören. Im Fernsehen lief »Dexter« weiter, ich konnte es nicht ertragen, nur eine einzige Folge ohne meinen Papa zu sehen. Es war nicht mehr das Gleiche. Wir haben sie immer mit der ganzen Familie gesehen, haben gemeinsam gegessen, gelacht. Es war wie ein Ritual.

Mir tat alles weh. Mein Körper wurde immer schwächer, ich konnte nichts essen, nicht schlafen. Ich schaute sinnlose Serien, um irgendwas in meinen leeren Kopf zu bringen. Manchmal saß ich Stunden da und konnte mich nicht bewegen, mir war kalt, obwohl ich die Temperatur körperlich gar nicht wirklich wahrnahm. Ich fühlte mich erstarrt, und ich wünschte, ich könnte weinen. Doch keine einzige Träne fand seit dem Tod von Papa den Weg aus meiner Seele.
»Ich muss stark sein«, habe ich ihm versprochen, kurz nachdem er seinen letzten Atemzug machte.
»Sie haben eine posttraumatische Belastungsstörung und sollten sehr dringend in Therapie«, riet mir meine Psychologin ein paar Wochen später. Doch ich hatte Angst. Alles machte mir Angst. Am meisten Angst hatte ich davor, wieder die Kontrolle zu verlieren. Ich fühlte mich einsam. Auf die Frage, wie es mir geht, lächelte ich nur und sagte: »Alles wird gut«, oder: »Das Leben geht weiter.«
Wobei, eigentlich konnte ich die Frage nach meinem Befinden an einer Hand abzählen, der Großteil der Menschen erkundigte sich danach, wie es meiner Mutter ginge. Bis heute weiß ich nicht, warum das

so ist, aber mit etwas Abstand erscheint mir das als die wohl leichtere Frage. Ich muss wie ein Eisblock auf andere gewirkt haben. Ich war enttäuscht von vielen Freunden oder von den Menschen, die ich bis dato als Freunde bezeichnet hatte. Alleine gelassen.
»Wir wussten nicht, wie wir uns verhalten sollen, deshalb haben wir einfach gar nichts gesagt.« – Vielen Dank.
»Wann immer du was brauchst, melde dich einfach.« – Vielen Dank.
Ich kann mich verdammt nochmal nicht einfach melden, wenn ich etwas brauche. Jemand anderen um Hilfe zu bitten ist für mich die schwierigste Aufgabe des Lebens. Ich will nicht bedürftig sein – ich bin stark, superstark! Und ich bin taff und komme schließlich mit allen Herausforderungen des Lebens bestens zurecht.

Ich hatte Angst, dass jemand hinter diese Fassade blicken könnte.
Ich hatte unglaubliche Angst, mich in den Armen eines anderen Menschen fallenzulassen, meine wahren Gefühle zu zeigen.
Ich hatte Angst, dass mich mein Gegenüber nicht auffangen kann, wenn der Boden unter meinen Füßen wegbricht.
Ich hatte Angst, jemandem zur Last zu fallen.
Ich hatte Angst, Schwäche zu zeigen.

UND VOR ALLEM HATTE ICH ANGST, WIEDER ANGST ZU HABEN.

Im Sommer entschied ich, dass das ein Ende haben muss. Ich bin nach London geflogen, in meine Lieblingsstadt. London war alles für mich. Meine Inspiration, meine Flucht. In London spielten meine Träume, dort war ich mit meinen Eltern, mit Freunden, ich liebte es, dort zu shoppen und stundenlang in Cafés zu sitzen und Menschen zu beobachten. Die Vielfalt in London war das, was mich glücklich machte. Also gab es gar keine andere Möglichkeit, als diesen Ort für meinen Neustart zu wählen.

Die Musik war wie eine sanfte Melodie in meinem Ohr. Der Platz vor der großen Halle in Covent Garden füllte sich mit vielen Menschen. Eine junge Frau, sie muss in meinem Alter gewesen sein, spielte Gitarre und sang britische Lieder dazu. Meinem Papa hätte es gefallen. Einen kurzen Moment hatte ich das Gefühl, er wäre da. Mein Körper erfüllte sich mit Glück und Leichtigkeit. Ich atmete tief durch und schloss die Augen. Ich spürte den Wind auf meinen Wangen und lächelte. Ich konnte ihn spüren. Das allererste Mal hatte ich das Gefühl, dass er wirklich hier war. Hier bei mir. Und es fühlte sich unendlich schön an.

Doch von der einen auf die andere Sekunde war alles anders. Alles brach von jetzt auf gleich einfach zusammen. Ich begann zu zittern, mein ganzer Körper bebte. Es war wie eine Lawine, die auf mich einstürzte. Es überrollte mich einfach. Mein Herz fühlte sich an, als würde es aus meinem Brustkorb herausspringen, fast so, als würde es nicht mehr zu mir gehören, wie ein Fremdkörper, der kurz vor der Explosion stand. Ich hatte unglaubliche Angst. In mir drin herrschte absoluter Ausnahmezustand. Ich hatte das Gefühl, als wäre extrem viel Kohlensäure in meinem Blut, was mit unglaublicher Geschwindigkeit durch meine Adern schoss. Alles in mir lief auf absolutem Anschlag. Doch äußerlich war ich einfach taub. Ich war teilnahmslos, ohne Körperspannung. Ich konnte nicht mehr aufstehen, alles war erstarrt und taub. Mir fehlt das Zeit-

fenster dazwischen. Denn ein paar Augenblicke später erwachte ich in einem Café auf der anderen Seite der Straße. Und dort lag ich auf der Bank in der hinteren Ecke. Ich blickte durch das Glasdach in den Himmel. Da war es wieder, das milchig sanfte Licht. Ich wusste, dass ich sterben werde. Ich wusste nicht, was da wirklich in meinem Körper vorging. Vielleicht war es mein Herz, vielleicht war es die Krankheit, die auch Papa hatte und die hier langsam zum Vorschein kam. Vielleicht war es aber auch einfach egal. Denn genau so muss es sich anfühlen, wenn man stirbt.

Mein ganzer Körper wurde warm und schwer gleichzeitig. Ich erinnere mich, dass ich versuchte, meinen rechten Arm zu heben. Aber es war nicht möglich, er gehorchte mir nicht, nichts in meinem Körper hörte auf mich. Ich war so einverstanden mit allem, als hätte es einfach gar nicht anders sein können. Der kalte Schweiß klebte mir im Gesicht, ich war komplett durchgefroren, obwohl es um die 27 Grad hatte.
»Ich werde nie, nie wieder nach Hause kommen«, das war mein letzter Gedanke. Doch nichts in mir wehrte sich dagegen, und dann war ich einfach irgendwie weg. Ich schloss meine Augen, und das milchige Licht wurde zu endgültiger Finsternis.

Als ich wieder zu mir kam, kniete ich über der Kloschlüssel, ich erbrach mich immer und immer wieder. Es gab in meiner ganzen Vorstellung keinen einzigen Ort, der sich jetzt sicher anfühlen würde. Ich wollte einfach nur nach Hause. Doch ich war so unendlich weit weg, und am weitesten weg war ich von mir selbst.

Beim Heimflug passierte am Flughafen in London exakt das Gleiche wieder. Nach meinem ersten Zusammenbruch in London wachte ich noch zwei weitere Male auf der Intensivstation auf. Es stimmte etwas mit meinem Herzen nicht. Immer wieder hatte ich Schübe, in denen mein Puls auf 240 Schläge pro Minute anstieg, und das über Stunden. Dabei war ich aber nicht panisch oder unsicher, ich war einfach ruhig. Ich glaube, das ist die Geschichte meines Lebens.

DENN ES IST NOCH IMMER SO, DASS ICH IN DEN MOMENTEN, IN DENEN ES MIR AM SCHLECHTESTEN GEHT, DAS GEFÜHL VON KOMPLETTER RUHE AUSSTRAHLE. ICH BIN IN DIESEN MOMENTEN SO GEFANGEN IN MIR SELBST, DASS ES SCHIER UNMÖGLICH ERSCHEINT, AKTIV UM HILFE ZU BITTEN.

Jedes Mal, wenn ich das Gefühl hatte zu sterben, war ich innerlich panisch vor lauter Hilflosigkeit. Doch dabei sah ich von außen absolut selbstsicher und friedlich aus.

Es begann ein Ärztemarathon. Vom CT ins MRT, Tausende Blutabnahmen, Fachärzte, Heilpraktiker, Energiearbeit, Untersuchungen und Tabletten. Ich erinnere mich an den Moment, als aufgrund des Schwindels ein zweites MRT von meinem Kopf gemacht wurde. Der Raum war dunkel, regenbogenfarbige Lichter tauchten die Decke in warmes Licht. Irgendjemand hat sich da sicher viel Gedanken gemacht, und vermutlich soll das alles beruhigend wirken. Doch mein einziger Gedanke war: »Bitte, lass sie einfach irgendwas finden, damit ich endlich weiß, was los ist. Und wenn es ein Hirntumor ist, lass sie was

finden, was man behandeln kann, damit mir endlich alle glauben.« Doch alles blieb natürlich wie zu erwarten ohne sichtbaren Befund.

Die Anfälle hörten einfach nicht auf. Mein Herz schrie so laut, doch ich konnte nichts davon wahrnehmen. Morgens und abends nahm ich Schlaftabletten, Betablocker und Antidepressiva zu mir. Ein OP-Termin stand an. Sie wollten bei vollem Bewusstsein eine kleine Kamera an einem Draht durch meine Leiste zu meinem Herz schieben und schauen, was da so vor sich ging. Für mich ganz klar: Das werde ich niemals tun! Denn ich selbst sah meine Situation gar nicht so kritisch. Für mich war das alles mittlerweile »normal«. Bloß nicht auffällig werden, bloß keine Hilfe brauchen – und im Inneren doch so sehr beten und hoffen, dass irgendjemand merkt, wie schlecht es mir eigentlich geht.

Chronische Nierenbeckenentzündungen, Antibiotika seit Monaten, mein schwaches, starkes Herz, mein Rücken, meine Haut, meine Seele, alles schrie um Hilfe. Ein Langzeit-EKG machte sichtbar, dass ich mich trotz Schlaftabletten und Antidepressiva in meiner Tiefschlafphase bei Pulswerten um die 100 Schläge pro Minute befand. Sobald ich begann, Sport zu machen, raste mein Herz auf 220 Schläge. Ich war wie auf der Flucht, auf der Flucht vor mir selbst, vor all dem, was in mir begraben war. Ich würde dir gerne erzählen, dass mein darauffolgender, zehnwöchiger Aufenthalt in einer psychosomatischen Klinik im Allgäu meine Heilung war und dass von dem Tag an alles besser wurde. Aber so war es leider nicht. Der Schritt in die Klinik war notwendig. Doch wer so ein Meister im Verdrängen war wie ich, wer so viel Charme und Kampfgeist

DU
KANNST
DEINE
AUGEN
VOR DEM
SCHLIESSEN,
WAS DU
NICHT
SEHEN
WILLST.
DOCH DU
KANNST
NICHT
DEIN HERZ
VOR DEM
SCHLIESSEN,
WAS DU
NICHT
FÜHLEN
WILLST.

hat, wer so viel tief in sich verborgen trägt und im Wegschauen so viel besser als im Hinschauen ist, der braucht erst mal sehr viel Zeit, seine Schutzmauern abzubauen. Die Entscheidung, in die Klinik zu gehen, gehörte zu den wichtigsten und besten Entscheidungen meines Lebens. Doch der Weg aus dem Schmerz bedeutet nicht, dass es einen Notausstieg gibt, den man einfach mal schnell wählen kann. Der Weg aus dem Schmerz bedeutet, durch den Schmerz durchzumüssen.

Vielleicht ist das nicht der Einstieg, den du dir von diesem Buch erwartet hast. Vielleicht wäre es einfacher, ein bisschen oberflächlicher und leichter anzufangen, doch so bin ich nicht. Das ist meine Geschichte, und dieses Kapitel ist auch ein Teil von mir. Ein Teil, den ich sehr lange nicht annehmen konnte. Heute möchte ich ehrlich sein. Zu dir – und vor allem zu mir selbst. Ich war am Tiefpunkt. Vermutlich sogar an mehreren in meinem Leben. Ich weiß, dass wir alle dunkle Kapitel in unserem Leben haben. Der eine mehr, der andere weniger. Doch das Problem dabei ist, dass die meisten von uns versuchen, genau das zu verschließen. Sich nicht damit zu identifizieren, nicht darüber zu sprechen. Es zu vermeiden. Und ich glaube, dass das nicht gut ist. Mit meiner Geschichte möchte ich anderen Menschen Mut machen. Denn ich habe mich mit dieser Geschichte identifiziert. Sie gehört zu mir, und ich schütze sie. Und ich möchte dir zeigen, wie du es schaffen kannst, auch den schlimmsten Gefühlen in dir ein Zuhause zu geben.

Dass ich heute so ehrlich und selbstbewusst lebe, ist kein Glück oder Zufall. Es war harte Arbeit. Und das ist es, was ich gerade versucht habe zu erklären. Es ist ein Pendeln. Es kann keine Zufriedenheit

geben, wenn du deine Abgründe nicht annimmst. Es kann keine Höhe geben, wenn keine Tiefe existiert. Wo viel Licht ist, ist auch viel Schatten. Wir alle sind an gewissen Stellen in unserer Seele ein Stück weit zerbrochen, nur so kann Licht in uns fallen.

Ich war eine Meisterin im Verdrängen. Vermutlich war genau das mein Konflikt. Auf der einen Seite wollte ich das Bild nach außen bewahren. Das starke, taffe Mädchen, das nichts aus der Bahn wirft. Die, die immer für alle da ist, weil sie sich eigentlich mehr um andere als um sich selbst kümmert. Gleichzeitig war meine Sehnsucht nach einem Hafen so groß. Wie würde es sich anfühlen, wenn mich mal jemand schützt? Wie wäre das Gefühl, wenn ich mich anvertrauen könnte, ohne dass jemand das, was mir passiert ist, bewertet oder argumentiert? Die Sehnsucht nach jemandem, der meinen Schmerz sieht, ohne dass ich ihn erklären muss, war unendlich groß. Doch wie sollte ich das schaffen? Diese beiden Extreme gingen einfach nicht zusammen.

»Ey, hallo? Das ist ja wohl mal bitte Grenzüberschreitung vom Allerfeinsten! Alexandra, mal ganz im Ernst, wenn ich so höre, was Sie die letzten Jahre wegstecken mussten, wird mir echt schlecht. Und wenn ich dann so 'nen Scheiß höre, wie: ›So schlimm ist das alles nicht‹, dann frage ich mich: Was muss Ihnen eigentlich passieren, damit sich mal was ändert?« Diese Aussagen von Svena trafen einen Nerv, der mich dazu bewegte, umzudenken.

Kotzen war nur eines der vielen Symptome meiner Jugend. Ich hatte eine Essstörung, die ich nie allzu ernst nahm. Sich zu übergeben war eben auch nur ein Ventil. Einerseits, um sich leichter zu fühlen, andererseits, um sich selbst zu kontrollieren.

Svena ist anders. Sie war meine Tanz-therapeutin in der psychosomatischen Klinik, und vom ersten Moment an wusste ich, dass irgendwas zwischen uns anders ist. Es war, als hätte sie genau die Sprache gefunden, die meine Seele verstand. Nicht zu bemitleidend, nicht bohrend, nicht analysierend. Svena war einfach anders als all die Therapeuten zuvor. Ich bin jedem meiner Therapeuten unendlich dankbar, weil er meinen Weg begleitet hat, doch die Verbindung, die sich da öffnete, war wirkliche Heilung für meine Seele. Da war es nämlich wieder, das Pendeln.

Wir pendelten von gut zu schlecht, von Wut zu Stille, von Bewegung zur Ruhe, vom Innehalten zum Rausschreien. An manchen Tagen habe ich brüllend auf Kissen eingeschlagen – oder es zumindest versucht. In anderen Therapiestunden saßen wir schweigend an der Wand und haben Musik gehört. Manchmal nutzten wir jeden erdenklichen Gegenstand im Raum, um eine Aufstellung des Problems sichtbar zu machen, manchmal liefen wir stundenlang an der frischen Luft und ließen uns treiben. Wir redeten auf ehrlichste Weise Klartext, manchmal so hart, dass wir uns nachträglich noch mal austauschten, wie es uns danach damit ging. Und dann ließ sie mich auch wieder um meine Probleme herumtanzen, und akzeptierte, dass ich den Dingen an diesem Tag nicht ins Auge sehen wollte. Das Pendeln ist das, was die Bewegung in die Sache bringt. Verdrängung bedeutet stehen bleiben.

»Das, was Sie da haben, sind Panikattacken, mit sehr heftigen psychosomatischen Symptomen.« – »Bitte was?« – »Lassen Sie es mich anders sagen: Bei dem, was Ihnen in den letzten zehn Jahren passiert ist, würde ich genauso reagieren, wenn ich Ihr Körper wäre. Ihr chronischer Schwindel, das viele Zittern, keine Nahrung, kein Schlaf. Ihre Haut, Ihr Herz, Ihre Nieren … ganz ehrlich, was soll Ihr Körper denn noch alles auffahren, damit Sie mal richtig hinschauen?«

Stille. Der Chefarzt senkte die Akte und sah mich an. »Es wird mal Zeit, aus sich rauszukommen. Sich anzuvertrauen. Und vor allem, sich selbst mal ernst zu nehmen. Wenn Sie so weitermachen wie bisher, dann seh ich da ehrlich gesagt ziemlich schwarz.«

Das hatte gesessen. Und ab da wusste ich, ich habe jetzt die Wahl: Schmeiß ich mich in meine eigene Geschichte, mit allem, was kommt, mit all dem unverarbeiteten Schmerz, all den Abgründen, deren Tiefe ich vermutlich selbst nur schwer einschätzen konnte? Entscheide ich mich für mich und meinen Körper, möchte ich lernen, mich selbst anzunehmen, zu schützen und zu achten? Oder belüge ich mich die nächsten Jahre weiterhin selbst, weil ich Angst habe, mich den Dingen zu stellen, die ich sowieso jeden Tag irgendwo in meinem Herzen mit mir rumtrage?

Die Antwort auszusprechen fiel mir schwer, auch wenn mein Herz natürlich sofort wusste, dass es keine andere Möglichkeit gab.

Ich musste mich für mich entscheiden. Koste es, was es wolle.

Und da sind wir an dem Punkt, an dem ich angefangen habe, bedingungslos ehrlich zu mir selbst zu sein. Mich für mich zu entscheiden, mit allen Konsequenzen, die es mit sich bringt. Diese Entscheidung habe ich mit 22 Jahren getroffen. Und deshalb habe ich vermutlich auch absolut kein Mitgefühl für all die Menschen, die immer sagen: »Jaaa, ich würde auch gern in die Klinik, aber ich kann wegen meiner Arbeit nicht so lange krank sein«, oder: »Eigentlich müsste ich echt in Therapie, aber meinen Mann und meine Kinder kann ich nicht so lange alleine lassen.«

Herzlichen Glückwunsch, das nennt man Vermeidungsstrategie, und die ist sicherlich super, um dich zu schützen und nicht ins Handeln zu bringen. Das bedeutet, dass deine Krankheit superwichtig für dich ist, weil sie dir eine Aufgabe und eine Definition gibt. Sie hat einen Sinn. Das anzuerkennen und sich ganz ehrlich einzugestehen, ist vermutlich der erste Schritt zu einer Verbesserung, auch wenn das sicher nicht einfach ist.

Doch ganz ehrlich? Diese Ausreden ziehen für mich nicht. Fällst du morgen tot um oder brichst dir bestmöglich nur ein Bein, müssen deine Kollegen auch ohne dich klarkommen und deine Familie muss Abstriche machen. Es ist alles eine Frage der Priorität, und da solltest du ganz oben kommen.

Meine Homöopathin stichelte mich schon früher immer mit demselben Satz: »Na ja, Alexandra, wenn du nichts änderst, ist dein Leidensdruck wohl einfach nicht hoch genug.«

»Aua – der Satz ist megaunfair! Sie sieht gar nicht, wie ich leide«, habe ich mich bei Mama oft ausgekotzt, wenn wir nach einem Termin wieder nach Hause gefahren sind. Heute weiß ich: Doch, sie hat ziemlich sicher gemerkt, wie schlecht es mir ging und wie sehr ich gelitten habe, aber sie erkannte auch mein System dahinter. Nichts zu ändern ließ mich leiden, Leid brachte Mitleid, Mitleid brachte Schonung, Schonung brachte mehr Freiraum – und Freiraum wünschen wir uns ja alle. Wenn du dich lieber für Freiraum unter Schmerzen und Druck interessierst, solltest du das Buch vermutlich an dieser Stelle weglegen und dich mit anderen Dingen des Lebens beschäftigen. Hier geht es ums Eingemachte. Wir wollen hinschauen, wir wollen heilen. Es wird nicht schmerzvoll, Heilung darf auch ganz sanft passieren. Doch der Nebeneffekt davon, wenn man auf seine eigene Geschichte blickt und sie anerkennt, ist der, dass man auch mehr von sich selbst mitbekommt. Das überfordert vielleicht auch mal. Doch am Ende des Tages wird es sich auszahlen. Denn das Leben ist ein Pendel. Wir werden nie auf einer der beiden Seiten stehen bleiben.

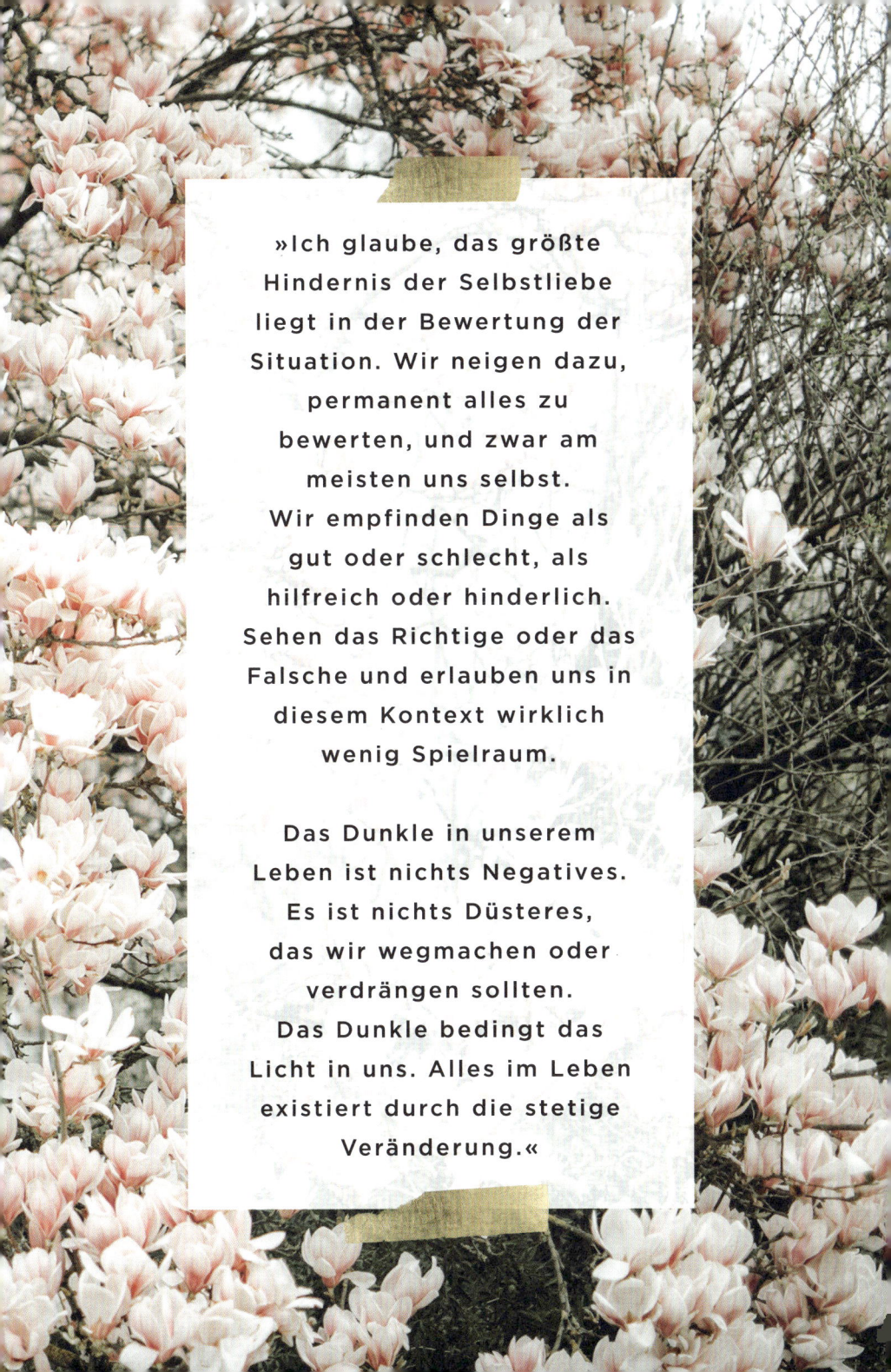

»Ich glaube, das größte Hindernis der Selbstliebe liegt in der Bewertung der Situation. Wir neigen dazu, permanent alles zu bewerten, und zwar am meisten uns selbst. Wir empfinden Dinge als gut oder schlecht, als hilfreich oder hinderlich. Sehen das Richtige oder das Falsche und erlauben uns in diesem Kontext wirklich wenig Spielraum.

Das Dunkle in unserem Leben ist nichts Negatives. Es ist nichts Düsteres, das wir wegmachen oder verdrängen sollten. Das Dunkle bedingt das Licht in uns. Alles im Leben existiert durch die stetige Veränderung.«

JA, ES DARF GEWESEN SEIN.

Nimm dich an!

Wenn wir beginnen, uns mehr mit uns selbst, unserem bisherigen Leben und den bevorstehenden Kapiteln zu beschäftigen, ist es ganz wichtig, wenigstens emotional an diesem Punkt einen Strich zu ziehen. Alles, was bisher in deinem Leben passiert ist, gehört zu dir und ist ein Teil deiner Geschichte. Wir neigen oft dazu, frühere »Ich-Anteile« oder Angewohnheiten von uns abzuwerten. »Ja, damals war ich echt peinlich« oder »Damals hab ich mich so angestellt«.

In meiner Pubertät hatte ich viele verwirrende Gefühle in mir. Eine permanente Unruhe, die ich kaum aushalten konnte, und im nächsten Moment unendliche Leere, Antriebslosigkeit, Verzweiflung. Diese extremen Spannungen hatten sehr viel Kontrolle über mich. Ich habe mir Tage und Wochen nur Gedanken um mich machen können. Bin in Traumwelten versunken, habe in alle möglichen Richtungen gedacht, und nicht nur in die guten. Aber alles Schlechte hat sein Gutes. Die Gedankenstrudel von damals und die vielen Emotionen haben mir und meinem Leben viel Tiefe gegeben und lassen mich heute viele Menschen viel intensiver sehen, als wenn ich diese Depressionen nicht selbst erlebt gehabt hätte. Natürlich ist es nicht so, dass du eine Depression gehabt haben musst, um Menschen in ihrer Tiefe zu verstehen. Doch es ist für mich heutzutage viel leichter, mit depressiven Menschen zu arbeiten, da ich ihre Symptome nicht nur aus einem Lehrbuch kenne, sondern in mir drin selbst schon gespürt habe.

Wir drängen uns oft dazu, einen Punkt zu erreichen, an dem auf einen Schlag alles anders sein muss. Doch das Leben darf mit all seinen Übergängen fließend und liebevoll sein. Alles, was in deinem Leben passiert ist, gehört zu dir. Es ist ein Teil von dir und nicht ausradierbar. Es bringt nichts, negative Emotionen dagegenzurichten oder Energie dafür zu verschwenden, dich nachträglich selbst zu bewerten. Wir alle haben richtige und nicht so kluge Entscheidungen in unserem Leben gefällt. Wir haben Fehler gemacht, aus denen wir gelernt haben. Doch letztendlich beginnst du, dich gerade intensiver mit Persönlichkeitsentwicklung und Selbstliebe auseinanderzusetzen. Und das darf sanft und schleichend sein. Es ist einer der wertvollsten Tipps, sich anzunehmen. Mit allem, was dazugehört. Und das ist manchmal so, so schwer.

Wenn wir uns mit Weiterentwicklung beschäftigen, lesen wir immer öfter dieses Wort »Vergebung«. Das klingt erst einmal simpel. Wir sollen uns vergeben, Frieden mit unserer Vergangenheit schließen. Doch hey, manchmal ist das gar nicht so einfach. Wie kann ich denn »einfach« mit etwas Frieden schließen, was so tief in mir verwurzelt ist und mir immer noch weh tut?

Wenn ich in meinem Leben zurückdenke, hatte ich manchmal fast schon eine Abwehrhaltung gegen mich selbst. Und darf ich dir ganz ehrlich was sagen? Dieser Umgang, wie ich mich selbst behandelt und fertiggemacht habe für Dinge, die ich getan oder gefühlt habe, hat mich unterm Strich mehr gekostet, als er mir gegeben hat. Es kostet Energie. Es macht müde. Es strengt an.

Wie wäre die Vorstellung, wenn du diese Energie ab heute dafür nutzt, wirklich für dich selbst einzustehen und dich mit deiner Vergangenheit zu versöhnen?

WER BIST DU, WENN DU DEINE GESCHICHTE ÜBER DICH UND DEIN LEBEN AB HEUTE ANDERS ERZÄHLST?

Das Wort Vergebung kann in uns schnell etwas Abstoßendes auslösen. »Ich will mir selbst nicht vergeben, weil ich damals wirklich eine falsche Entscheidung getroffen habe.« Das ist so ein Gedanke, der aufkommen könnte. Oder auch, wenn es darum geht, Erlebnisse, die in der Vergangenheit passiert sind, in dein Leben zu integrieren, wehrt sich oft etwas in einem. Vielleicht hat dir ein Mensch körperlich oder emotional so wehgetan, dass du gar nicht vergeben möchtest, weil es sich in dir so anfühlt, als würdest du dann verzeihen. Vergebung bedeutet aber nicht, dass das, was passiert ist, vergeben und vergessen ist. Es heißt nicht, dass es in Ordnung war. Vergebung sucht keine Schuld. Vergebung erlöst dich.

Lass mich dir einen anderen Satz vorschlagen: »Ja, es darf gewesen sein.«

Ja, es darf ein Teil deiner Geschichte sein, es darf zu dir gehören. Es darf immer mal wieder wehtun, es darf verwirrende Gefühle in dir auslösen. Doch es darf da sein. Du darfst es annehmen, als Teil von dir. Vergebung bedeutet: Es darf gewesen sein.

Vergebung ist etwas, das sich weich und warm anfühlen darf. Auch wenn wir das Gefühl haben, etwas »zu verlieren«. Wir sollten einen Moment innehalten und dankbar sein. Denn Vergebung braucht Dankbarkeit, sonst kann es sich schnell anfühlen wie eine Abrechnung. Und wenn es nur die Dankbarkeit dafür ist, dass du dich jetzt davon verabschieden kannst.

Vor allem bei Gewalterfahrungen ist es nicht leicht, das Wort »Dankbarkeit« in diesem Kontext zu sehen. Vielleicht hilft dir dabei folgender Satz: »Ich bin mir selbst dankbar, weil ich mich dafür entscheide, dass der Täter ab heute keine Macht mehr über mich hat.« Bestrafe dich nicht für das, was andere dir angetan haben. Du hast keine Schuld. Auch wenn du immer wieder liest, dass wir für alles im Leben selbst verantwortlich sind: In diesem Fall stimmt das nicht!

Vergib dir, dass du dich mit diesen Ängsten versteckt hast. Und sei dankbar, dass du diese Phase überlebt hast.

WELCHEN TEIL AN DIR KANNST DU NUR SCHWER ANNEHMEN?

WAS MAGST DU AN DIR SELBST?

WELCHES DEINER TALENTE, HAST DU NOCH NICHT GENÜGEND ANS LICHT GEBRACHT?

NOTIERE 3 »SCHLECHTE« EIGENSCHAFTEN. WIE KANNST DU DIESE AUCH POSITIV EINSETZEN?

Unsere vermeintlich negativen Eigenschaften können uns manchmal auch helfen.
Ungeduld kann dich unruhig machen, bringt dich jedoch auch dazu, endlich in die Gänge
zu kommen. Perfektionismus verführt dich manchmal dazu, dich im Detail zu verlieren,
und hilft dir auch, genau zu sein und alle wichtigen Details zu berücksichtigen.

WAS VERNACHLÄSSIGST DU, WENN ES DIR NICHT GUT GEHT?

WENN ES UM INTEGRATION GEHT,
IST DIE POLARISATION GANZ WICHTIG.

DENN GENAU DIE ANTEILE IN DIR, DIE
AM SCHWERSTEN FALLEN ZU INTEGRIEREN,
SIND DIE, DIE AUFMERKSAMKEIT VON
DIR BENÖTIGEN. DER WEG IST ES, DIE
POLARITÄT ZU VERTIEFEN. WAS BEGEGNET
DIR, WENN DU AN DIESEN ANTEIL DENKST?
WIE FÜHLT SICH DAS AN? WIE WÜRDEST DU
DIR WÜNSCHEN, DASS DU DICH FÜHLST?

WACHSTUM BRAUCHT POLARITÄT
ES IST MANCHMAL SCHWER, SICH SELBST
GENUG LIEBE ZUM HEILEN ZU GEBEN. SEI
NEUGIERIG, WAS DIR BEGEGNET, UND HALTE
DEIN HERZ OFFEN FÜR DEINE GEFÜHLE.

Selbstliebe - Impulse

WO VIEL LICHT IST,
IST AUCH VIEL SCHATTEN.

Goethe

Podcastfolge:
Wie gut kennst du
dich selbst?

SCHÖPFER DEINES EIGENEN LEBENS WERDEN, EINE GESCHICHTE VOM Erwachsenwerden

Erinnerst du dich noch an die Zeit, in der du es kaum erwarten konntest, endlich volljährig zu sein? Nicht mehr abhängig von den Eltern zu sein? Sich nicht mehr rechtfertigen zu müssen, wann man wo hingeht und wann man zurück ist? Nicht mehr darauf hoffen zu müssen, dass die Eltern einen zu Freunden fahren, nie wieder im Regen nach Hause laufen müssen, weil man den letzten Bus verpasst hat, nie wieder eine Unterschrift für einen fehlenden Tag in der Schule brauchen? Wie unfassbar groß und wunderschön war die Vorstellung von Freiheit und Unabhängigkeit! Einfach ins Auto setzen und losfahren, wann immer uns danach ist. Wir konnten es schier kaum erwarten.

Früher waren so viele von unseren Entscheidungen und Vorhaben im Alltag von unseren Eltern abhängig, und jetzt ist es einfach selbstverständlich, dass wir alleine leben und unsere eigenen Entscheidungen treffen. Es normalisiert sich nach ganz kurzer Zeit. Aber manchmal, wenn ich mich in mein Auto setze und die Zündung anmache, muss

ich lächeln und erinnere mich an die früheren Zeiten. Dann weiß ich mein Freiheitsgefühl noch mal ganz anders zu schätzen.

Doch es ist so verrückt, denn wenn wir dann erwachsen sind, haben wir zwar Unmengen an Freiheit, doch setzen uns genauso viele Einschränkungen. So verbringen wir Zeit mit Jobs, die uns nicht glücklich machen. Wir machen sie, weil unsere Eltern sagen, dass sie gut für unsere Zukunft wären. Wir verstecken uns hinter Sicherheit und Bausparverträgen, obwohl wir doch viel lieber die Weltreise machen würden. Wir bauen ein Haus, weil man sagt, dass man das so macht. Wir gründen eine Familie, weil es mit Anfang zwanzig schon langsam Zeit dafür ist. Und bitte, lasst uns schon an morgen denken und alle wichtigen Versicherungen und Verträge für die Zukunft abschließen! Wir glauben das, was wir in der Werbung sehen, damit wir unsere eigenen Grenzen nicht überschreiten müssen. Dabei vergessen wir, dass wir sie doch selbst gesetzt haben – oder noch immer innerhalb deren unserer Eltern leben. Und das ist einer der Knackpunkte! Wir sind von heute auf morgen plötzlich achtzehn, stehen mitten im Leben, aber übernehmen die Ansichten von denen, die bis zu diesem Punkt für uns Verantwortung hatten. Wenn deine Mutter dir sagt, dass das sicher ist, glaubst du ihr? Wenn dein Vater sagt, dass das gut für dich ist, vertraust du ihm? Wir erlauben uns gar nicht mehr, eigene Erfahrungen zu machen, weil uns andere doch schon gesagt haben, wie wir es finden sollen. Ist das erwachsen sein? Ich glaube nicht. Doch was bedeutet es dann?

Lass es mich dir in meinen Worten erklären. Für mich bedeutet erwachsen zu sein, Schöpfer meines eigenen Lebens zu sein. Und manchmal gehen wir so unachtsam mit dieser Ressource um! Das mag auf den ersten Eindruck vielleicht etwas merkwürdig klingen, doch wenn ich all die Erkenntnisse und Meinungen über das Erwachsensein zusammenfasse, beläuft es sich genau darauf. Wir sind Schöpfer unseres Lebens, alles, was wir entwickeln, erreichen, erleben und anstreben, entsteht aus unserer eigenen Schöpferkraft. Wir sind nicht wie vorher, abhängig von anderen Erwachsenen, die über unser Wohl entscheiden oder unsere Taten absegnen müssen. Schöpfer seines eigenen Lebens zu sein bedeutet, für die eigenen Entscheidungen verantwortlich zu sein. Und das ist manchmal das Unangenehme dabei, denn es ist gar nicht so einfach, plötzlich so viel Verantwortung über die Dinge zu haben.

Es bedeutet, dass wir so leben dürfen, wie wir es wollen und für richtig halten. Doch es heißt nicht, dass uns das auch vollständig glücklich macht. Und da hakt die Vorstellung von früher. Wir denken, uns stehen alle Türen offen, und wir sind endlich frei und unabhängig. Doch die Realität ist, dass Verantwortung auch überfordern kann, dass sie auch Angst machen kann und wir deshalb in alte Muster fallen. Und genau da liegt der Punkt. Entweder wir schaffen den Absprung und nehmen unseren ganzen Mut zusammen, oder wir verlassen die Wege nicht, die andere für uns gefestigt haben.

Und dabei kommen wir gleich zur nächsten Bedeutung.

SCHÖPFER SEINES EIGENEN LEBENS ZU SEIN, HEISST AUCH, FÜR SEIN GLÜCK SELBST VERANTWORTLICH ZU SEIN.

Es gibt diesen schönen Satz »Wem du die Schuld gibst, dem gibst du auch die Macht, etwas zu verändern«. Das ist auf der einen Seite eine superschöne Ausrede, keine Selbstverantwortung zu übernehmen, aber auf der anderen Seite unsere wichtigste Möglichkeit, uns zu verwirklichen. Denn wie schön ist die Vorstellung, die Kontrolle über sich selbst zu haben?

Die große Enttäuschung liegt oft darin, dass wir andere Menschen für unser Glück verantwortlich machen. Nicht nur für unser Glück nach außen hin, für die Dinge, die wir erreichen wollen oder die Aufgaben des Lebens, bei denen uns eine Portion Glück nicht schaden würde. Wir scheitern auch ziemlich oft daran, dass wir unser inneres Glück von anderen Menschen abhängig machen. Wir denken, dass wir das, was wir im Innen für uns brauchen, um glücklich zu sein, irgendwo im Außen finden. Wir denken, wenn uns jemand liebt, können wir uns selbst auch mehr lieben, wären glücklicher, zufriedener. Das ist vielleicht im ersten Moment auch so, doch mit der Zeit wirst du merken, dass deine Selbstliebe dann auch in einer Abhängigkeit zu einer anderen Person steht. Und sobald wir unser Glück oder unsere Selbstliebe von einem anderen Menschen abhängig machen, ist sie fremdbestimmt. Denn sobald die andere Person wegbricht, verlieren wir auch den Kontakt zu uns selbst.

Schöpfer des eigenen Lebens zu sein bedeutet, dass du verantwortlich bist für das, was du tust. Dass du Verantwortung für deine eigenen Entscheidungen übernimmst, dass du eigenverantwortlich bist. Und sie auch dann übernimmst, wenn du das Leben einmal nicht kontrollieren kannst. Deshalb ist es auch so wichtig, sich das immer wieder zu verinnerlichen. Du bist frei, du bist selbstständig, und du bist unabhängig. Dein Leben ist so gut, wie du dich entscheidest, wie es sein soll. Niemand hat die Macht oder die Kontrolle über deine Entscheidungen. Wenn du dich mal wieder als Opfer deiner Umstände siehst, dann mach dir bewusst, dass nur du alleine in der Position bist, deine Lage zu verändern. Du hast alle Möglichkeiten. Du kannst den Job kündigen, der dich unglücklich macht, du kannst die Beziehung beenden, die dich belastet, du kannst sogar in eine andere Stadt oder ein anderes Land ziehen, wenn du dich an dem Ort, an dem du lebst, nicht mehr wohlfühlst. Du bist Schöpfer deines eigenen Lebens. Verliere nicht den Zugang zu dieser wundervollen Aufgabe. Es liegt nur an dir selbst, wie viel Zeit und Liebe du in dein Selbstwertgefühl und deine Selbstliebe investierst. Selbstliebe ist etwas, das im Inneren entsteht. Es ist ein Geschenk an dich selbst. Von dir selbst.

Du bist dafür verantwortlich, wie, mit was und mit wem du deine Zeit verbringst. Zeit ist einer der kostbarsten Werte, die wir zur Verfügung haben. Doch manchmal gehen wir damit nicht wirklich wertschätzend um. Wir ärgern uns zwar, wenn wir irgendwo warten müssen, weil die Schlangen an der Kasse lang sind oder wir ungeduldig im Wartezimmer sitzen, bis wir endlich dran sind. Doch wenn wir dann mal Zeit zur Verfügung haben, erkennen wir sie nicht. Dann haben wir ewig lang unser Smartphone in der Hand, lesen auf Facebook, Instagram und Co, starren Löcher in die Luft oder spielen Spiele auf unserem Handy, die eigentlich total sinnfrei sind. Wie verbringst du eine Stunde im Wartezimmer? Oder in der Schlange bei der Post? Ärgerst du dich darüber, dass du warten musst, oder bist du dir als Schöpfer deines eigenen Lebens darüber bewusst, dass du selbst verantwortlich bist, diese Zeit sinnvoll zu nutzen?
Wenn ich kürzere Wartezeiten habe, nehme ich sie immer dankbar als kleine Erinnerung an, um mal wieder in mich selbst hineinzuhören. »Danke, liebes Leben, dass du mich mit dieser Wartezeit mal wieder daran erinnerst, dass ich mich heute noch gar nicht gefragt habe, wie es mir eigentlich wirklich geht.« Das ist einer der Sätze, die ich mir immer wieder innerlich sage. Wie bin ich jetzt im Moment eigentlich gerade da? Wie fühlen sich meine Füße an? Was geht in meinem Bauch so vor sich? Manchmal nutze ich die Zeit, um ein bisschen Beckenbodengymnastik zu machen. »Stellen Sie sich einfach vor, Sie würden mit Ihrer Vagina Gänseblümchen pflücken«, höre ich dann die Achtsamkeitstherapeutin aus der Klinik in meinem Kopf rumspuken. Dann muss ich erst mal lächeln und mache mich innerlich bereit: eins, zwei – anspannen – halten – loslassen. Wie wichtig Beckenbodengymnastik wirklich ist, muss ich wohl nicht erläutern. Spätestens, wenn du ein Kind geboren hast, an Blasenschwäche leidest oder

deine Orgasmusfähigkeit steigern möchtest, kommst du um diese Übungen nicht herum! Und das Beste daran ist, dass du sie ganz still und heimlich machen kannst! Denn niemand, der vor oder hinter dir wartet, wird merken, welche innerlichen Muskeln du da gerade anspannst. Und genau das meine ich mit dem Schöpfer und der Zeit – du bist selbstverantwortlich, wie du sie nutzt.

Wenn du zum Arzt gehst und länger warten musst, nimm dir ein Buch mit, das dich interessiert. Schreib dir eine Liste mit all den Dingen, die du machen würdest, wenn du das nächste Mal wieder Zeit hast. Logo, manchmal braucht das Hirn auch eine Pause, und da kommen Handyspiele wie gerufen. Und logisch ist denken und lesen unvorstellbar, wenn wir wirklich elendig krank beim Arzt sitzen. Doch für alle anderen Momente, in denen du jetzt warten musst, hast du eine sinnvolle Aufgabe!

LASS DICH TIEF UND BEWUSST ATMEN, SPANNE EINZELNE REGIONEN IN DEINEM KÖRPER AN, SCHICKE DANKBARKEIT IN DEINEN KÖRPER.

»Danke, dass du so gut auf mich aufpasst, lieber Körper.«
»Danke, dass du so gesund bist und immer für mich arbeitest, lieber Bauch.«
Ausreden und schlechte Laune bei Wartezeiten funktionieren jetzt nicht mehr! Du bist Schöpfer deines Lebens und ab sofort dir bewusst darüber, dass du alleine dafür verantwortlich bist, wie du deine Zeit mit dir selbst verbringst.

Ein weiterer wichtiger Schritt im Erwachsenwerden ist nicht nur, mit deiner Vergangenheit Frieden zu schließen, davon habe ich dir ja gerade schon ausführlich berichtet. Es geht vor allem auch darum, die Erwartungshaltung und die Schuldzuweisung deinen Eltern gegenüber runterzuschrauben. Jetzt heißt es Verantwortung für dein eigenes, jetziges Leben übernehmen. Natürlich hat die Aussage »Ja, das ist ein Mangel meiner Kindheit, ich habe das einfach nie besser gelernt« immer super funktioniert und ist rückblickend sehr reflektierend für dein Verhalten. Doch ganz ehrlich, es bringt dir einfach nichts mehr. Wenn du dich entscheidest, ein gesundes, glückliches und vor allem ehrliches Leben zu führen, in dem du dich selbst an erster und wichtigster Stelle siehst, dann ist es jetzt auch Zeit, diese Entschuldigungen abzulegen. Deine Eltern haben dich hoffentlich so gut erzogen, wie sie es konnten. Vielleicht hast du einen Mangel in deiner Kindheit erfahren, vielleicht sind viele Teile deiner Vergangenheit nicht so gelaufen, wie du es dir erhofft hast. Deine Eltern sind auch nur Menschen, und mir hilft der Satz »Sie haben es so gut gemacht, wie sie konnten« immer sehr. Jetzt ist es an der Zeit, die Dinge, die du als Kind vielleicht nicht verstehen konntest, weil du viel zu jung warst, neu aufzuräumen. Zu erkennen, welche Erlebnisse dich für dein Leben geprägt haben und welche dich auch haben wachsen lassen.

Beim »Ganzwerden«, wie ich den Übergang zwischen Kindheit, Jugend und Erwachsenwerden auch oft bezeichne, geht es darum, deine eigene Wahrheit zu bilden. Lass mich dir das kurz erklären: Wenn wir in unsere Vergangenheit blicken, dann gibt es da unendlich viele Kapitel, Tausende Erlebnisse, verschiedene Gefühle und Erinnerungen. Gerade in schmerzhaften oder schwierigen Abschnitten unseres

Lebens verschieben sich unsere Wahrnehmungen sehr. Beispielsweise sage ich: »Ich war in meiner Kindheit unendlich einsam und habe mich oft ausgeschlossen gefühlt.« Das war meine Wahrheit. Meine Mutter hingegen sagt: »Du hattest superviele Freunde, warst eigentlich immer unter Menschen und hast viel Zeit mit deinen Freundinnen verbracht. Ich hatte nicht das Gefühl, dass du einsam warst.« Das war ihre Wahrheit. Welche Wahrheit ist jetzt die richtige? Siehst du, genau darum geht es.

ES GIBT KEIN RICHTIG ODER FALSCH.

Die inneren Wahrheiten haben nichts mit der Realität zu tun. Und da passt für mich der Spruch »Realität ist verhandelbar« sehr gut. Denn die inneren Wahrheiten verändern sich ein Leben lang. Bei der eigenen Wahrheit geht es darum, auszudrücken, wie es sich für dich angefühlt hat, nicht darum, wie es in der Realität war.

Oftmals dichten wir unserer Vergangenheit auch Kapitel hinzu, die so nie stattgefunden haben. Das tut unser intelligentes Gehirn deshalb, weil es Brücken baut. An einer Stelle, an der eine Erinnerung oder ein Wendepunkt fehlt, füllen wir den Teil mit etwas auf, was uns am logischsten erscheint. Jetzt könnte man gleich bewertend sagen: Ja, aber das ist dann eine Lüge! Da wir aber schon gelernt haben, dass uns Bewertungen gar nichts bringen, lassen wir es einfach mal so stehen und nehmen es an. Sag deinem Gehirn Danke. Es entscheidet sich für diese Kompromisse nicht, weil es dir schaden will, sondern weil es uns rückblickend unendlich wichtig ist, unser Leben zu reflektieren und lückenlos zu verstehen.

Erwachsen zu werden heißt in meinen Augen, Verantwortung für uns selbst zu übernehmen. Und das ist nicht immer superschön und angenehm, sondern tut manchmal auch weh, da der Schutz von Eltern ja auch etwas Wunderbares ist. Ich genieße es sehr, meine Eltern immer wieder um Rat zu fragen. Ich mag es, auch mal wieder die Kleine zu sein, die bei einer Grippe gesundgepflegt wird oder die ihre Wäsche gewaschen bekommt, wenn es mal stressiger in meinem Leben ist. Ich mag es, wenn Mama für mich kocht und ich einfach Kind sein darf. Doch genauso wichtig ist es auch, ihr auf Augenhöhe begegnen zu dürfen, auch erwachsen von ihr angenommen zu werden. Ich denke, da findet jeder Mensch in seinem Tempo sein eigenes Gleichgewicht. Wichtig ist, dass nichts von heute auf morgen passieren muss. Veränderung darf ein langsamer und behutsamer Vorgang sein, und vor allem in kleinen Schritten gegangen werden. Vermutlich ist genau das so schwer daran. Wir wünschen uns manchmal die großen Schritte, erwarten, dass es jetzt endlich mal ein Ende haben muss und alles anders werden sollte. Dieser Wunsch nach den großen Schritten symbolisiert uns oftmals die Notwendigkeit und die Intensität vom Wunsch nach Veränderung. Wenn du dir das Wort »notwendig« mal genauer anschaust, siehst du, dass es aus »Not« und »wenden« besteht. Die Not muss sich wenden! Da steckt ja schon zwischen den Buchstaben ganz viel Leidensdruck.

Veränderung soll also reifen dürfen. Vielleicht merkst du sie im Alltag manchmal gar nicht so richtig. Vielleicht macht sie sich nur ganz minimal sichtbar. Oft ist es ein kleiner Augenblick, in dem etwas, was du eigentlich ständig machst, sich anders anfühlt und du verstehst, dass es sich verändert hat. Dass du dich verändert hast.

WELCHE GEFÜHLE VERBINDEST DU MIT DEINER KINDHEIT?

ENDLICH ERWACHSEN SEIN – AUF WAS HAST DU DICH FRÜHER AM MEISTEN GEFREUT?

IN WELCHEM BEREICH MÖCHTEST DU IN ZUKUNFT MEHR SELBSTVERANTWORTUNG ÜBERNEHMEN?

WAS BEDEUTET SELBSTVERANTWORTUNG FÜR DICH?

WELCHE WERTE AUS DEINER KINDHEIT HAST DU BEWUSST FÜR DEIN LEBEN MITGENOMMEN?

In unserer Kindheit werden uns von verschiedenen Menschen viele unterschiedliche Werte vorgelebt. Manche davon sind für uns kostbar und wir entscheiden uns, sie für unser weiteres Leben mitzunehmen. Manche Werte dürfen wir auch bewusst zurücklassen.

WELCHE WERTE AUS DEINER KINDHEIT LÄSST DU DANKBAR IN DEINEM ZUHAUSE ZURÜCK?

_____

_____

_____

_____

_____

_____

_____

_____

_____

GIBT ES ERINNERUNGEN, BEI DENEN DU DIR NICHT SICHER BIST, WAS DAVON REAL IST UND WAS DEIN UNTERBEWUSSTSEIN EVENTUELL VERÄNDERT HAT?

_____

_____

_____

_____

_____

_____

_____

_____

_____

_____

_____

Schöpfer seines eigenen
Lebens zu sein, heißt auch,
für sein Glück selbst
verantwortlich zu sein.

Es gibt für alles eine Zeit. Eine Zeit zu lachen, eine Zeit zu weinen. Es gibt eine Zeit, um zu zerbrechen, und eine Zeit, um zu heilen. Es gibt die Zeit der Angst und des Muts. Wir brauchen Zeit für Rast, und Zeit für Abenteuer. Wir wachsen mit der Zeit. Und wir erholen uns. Jede Zeit hat ihre Schatten, ihre Reize, ihre Hoffnungen. Es gibt die Zeit der Liebe. Die Zeit des Abschieds. Und manchmal ist es sogar alles gleichzeitig. Manchmal beginnen wir in Zeiten des Glücks zu zweifeln und manchmal endet der schlimmste Tag mit einem kleinen Lächeln, das für uns die Welt bedeutet. Es gibt eine Zeit des Kampfs und eine Zeit, um nachzugeben. Es gibt eine Zeit der Ruhe. Eine Zeit des Aufbruchs. Und manchmal, ja, manchmal ist es alles gleichzeitig.

Wer bin ich?
LERNE DICH KENNEN

Und da kommt sie endlich – diese wunderbare Frage: Wer bin ich?

Ich glaube, jeder Mensch auf dieser Welt stellt sie sich nicht nur einmal im Leben. Wir hinterfragen unsere Existenz, hinterfragen die Entscheidungen, die wir treffen, fragen nach dem Sinn dieses Lebens, nach dem Sinn unseres Lebens. Der Mensch ist das einzige Lebewesen, das sich selbst in Frage stellt. Und dabei ist die Frage »Wer bin ich?« eigentlich ein ganz guter Startpunkt. Nur bringt dich das Philosophieren über diese Ansätze nicht ansatzweise weiter. Wir drehen uns damit im Kreis. Die eigentliche Frage, die du dir stellen solltest, lautet: Wie will ich sein? Oder wer will ich sein?

Wie wärst du, wenn keiner dir sagen würde, wie du zu sein hast?
Stell dir vor, du packst deine Sachen und ziehst für ein paar Monate alleine ins Ausland. Nur du. Wie wärst du, wenn du auf neue Leute treffen würdest? Wie würdest du dich verändern, wenn du niemanden um dich herum hättest, der etwas von dir erwarten würde? Oder besser gesagt, wenn du nichts von dir selber erwarten würdest?

Sich selbst kennenzulernen kann für manche von uns ein total heilsamer und erleichternder Prozess sein, weil du endlich das Gefühl hast, in dem ganzen Wirrwarr Fuß fassen zu können. Für die anderen ist der Weg zum eigenen Ich eine qualvolle Angelegenheit. Denn wenn wir genauer hinschauen, ist die Nebenwirkung natürlich auch: Wir bekommen mehr von uns mit! Mehr von unseren Gefühlen, vor allem von denen, die wir bis dato vielleicht verdrängt haben. Wir fühlen intensiver und hinterfragen mehr. Wir nehmen die Angelegenheiten, die wir immer wegstecken konnten, jetzt vielleicht anders wahr, weil wir unsere Grenzen mehr spüren gelernt haben.

In den ganzen Persönlichkeitsratgebern wird immer empfohlen, ganz viel Zeit mit sich alleine zu verbringen, denn dann kommt man sich ja so richtig nah und genießt sich selbst. Die Realität sieht zuweilen anders aus. Wenn wir komplett auf uns selbst gestellt sind, geht es vor allem darum, sich erst mal auszuhalten. Nicht wegrennen, nicht ablenken, nicht nachgeben. Was ich dir aber versprechen kann: Es lohnt sich! Nichts ist wichtiger, als sich selbst zu kennen, zu erforschen und zu entwickeln. Und das ist die Grundlage von allem. Es ist schwer, ein unbekanntes Wesen zu lieben. Also machen wir uns doch heute mal auf den Weg, dieses unbekannte Wesen ein bisschen genauer zu betrachten.

Die nachfolgenden Fragen sollen dir helfen, dich mit gewissen Bereichen in deinem Leben ein bisschen mehr auseinanderzusetzen. Es ist gar nicht schlimm, wenn es dir schwerfällt, sie zu beantworten. Nimm dir die Zeit und höre in dich.

WAS SIND MEINE TALENTE UND STÄRKEN?

WANN EMPFINDE ICH WIRKLICHE FREUDE?

WAS LÄSST MICH SCHNELL WÜTEND WERDEN?

WOBEI VERGESSE ICH DIE ZEIT?

WAS GIBT ODER ENTZIEHT MIR ENERGIE?

WIE KANN ICH MEIN WISSEN WEITERTRAGEN?

WAS HABE ICH ZU GEBEN?

FÜR WAS BEKOMME ICH OFT KOMPLIMENTE?

WAS SIND MEINE WERTE?

WELCHE SEITE VON MIR VERSTECKE ICH GERN?

WIE GEHE ICH MIT STRESS UM?

WO HOLE ICH MIR INSPIRATION?

WAS IST MEIN LIEBLINGSGEFÜHL?

WAS SIND MEINE VORBILDER UND WARUM?

WORAUF BIN ICH RICHTIG STOLZ?

IN WELCHER SITUATION SCHIELE ICH ZU DEN
ANDEREN UND BLEIBE NICHT BEI MIR?

BIST DU MIT DEINEN GEDANKEN HÄUFIG EHER ...

- ☐ IN DER VERGANGENHEIT
- ☐ IN DER ZUKUNFT
- ☐ IM HIER UND JETZT

WAS BEDEUTET DAS FÜR DICH?

WAS WÜRDEST DU GERNE NEUES AUSPROBIEREN?

WANN BIST DU MIT DIR ZUFRIEDEN?

WAS LÄSST DICH NACHTS NICHT SCHLAFEN?

VON WELCHEM FEHLER IN DEINEM LEBEN
MÖCHTEST DU NIEMANDEM ERZÄHLEN?

WOFÜR BIST DU DANKBAR?

WOVON HÄTTEST DU GERNE MEHR
IN DEINEM LEBEN?

WAS GIBT DIR SICHERHEIT?

WAS MAGST DU AN DEINEM JOB/STUDIUM?

WAS WÜRDEST DU GERNE VERÄNDERN WOLLEN?

WIE SORGST DU FÜR DICH SELBST?

WAS MAGST DU AN DIR RICHTIG GERNE?

BIST DU LIEBER IN GESELLSCHAFT ODER ALLEINE?

WIE BELOHNST DU DICH SELBST?

WAS IST DIR WICHTIG IM LEBEN?

WAS SIND DEINE ZIELE?

WAS STRESST DICH SO WIRKLICH?

WAS MÖCHTEST DU, DASS ANDERE ÜBER DICH ERZÄHLEN?

WOFÜR ÜBERNIMMST DU NICHT GERN VERANTWORTUNG?

WIE WICHTIG IST DIR BESITZ UND STATUS?

NIMMST DU DIR ZEIT, ZU TRÄUMEN?
WENN JA, WAS TRÄUMST DU?

WENN DU JETZT DIE MÖGLICHKEIT HÄTTEST,
DIR EINE EIGENSCHAFT FÜR DEIN LEBEN
ZU WÜNSCHEN, WELCHE WÄRE DAS?

IM GEGENZUG MUSST DU EINE EIGENSCHAFT VON
DIR WEGGEBEN, WELCHE WÄRE DAS?

Übernimm Verantwortung

WIE DU ORDNUNG UND ÜBERBLICK IN DEINEM LEBEN BEKOMMST

ERFOLGSTAGEBUCH

Alle deine Erfolge solltest du notieren! Das kannst du analog in einem Buch machen oder digital in deinem Handy. Ich habe mich für Letzteres entschieden. In jeder Situation, in der ich das Gefühl von Stolz empfinde, mache ich ein Bild und lade es in mein digitales Erfolgstagebuch. Zusammen mit dem Datum und einer kleinen Notiz speichere ich es dann chronologisch ab. Es ist dabei nicht wichtig, wie groß der Erfolg ist. Ich habe alles dabei: vom nächtlichen Tanzen im Schnee mit meiner Lieblingsmusik bis hin zum Vortrag vor fünfhundert Menschen. Erfolg ist das, was folgt, wenn du dir selbst folgst. Das ist nicht messbar an einer Skala. So habe ich in schwierigeren Phasen immer etwas, was mich aufbaut und erinnert, wie viel ich schon erreicht habe. Manche Momente würde ich vergessen, wenn ich sie nicht festhalten würde. Du kannst dir nicht vorstellen, wie sehr ich mich darauf freue, den Moment festzuhalten, wenn ich das erste Mal mit meinen Fingern über dieses Buchcover streiche.

MOTIVATIONSBIBLIOTHEK

Wer zum Teufel kennt es nicht? Das Motivationstief, das dunkle Loch, das genau dann kommt, wenn wir es am wenigsten brauchen können. Ich habe mir eine Liste angelegt, auf die ich all die Dinge schreibe, die mich motivieren. Das kann ein Song sein, ein Buch, ein Zitat, vielleicht sogar ein Ort, der mich inspiriert. Es kann eine Mail sein, die ich mal bekommen habe, oder ein liebes Feedback auf einen Workshop. Vielleicht ist es auch ein Film, den du liebst und der dich immer wieder zum Träumen bringt. Du kannst die Dinge sammeln, damit du immer auf sie zugreifen kannst, wenn du sie brauchst.

DER PAPIERKORB

Alles, was du nicht mehr brauchst, wandert in den Papierkorb. Aber wirklich! Schreibe dir das auf, was du nicht mehr glauben willst. Schreibe auf, was du nicht mehr möchtest, was du nie, nie wieder tun wirst. »Ich will mich für meine Bedürfnisse und Gefühle nicht mehr rechtfertigen!« Zack – rauf aufs Papier und dann: zusammenknüllen und wegwerfen! Oder verbrennen, vergraben, was auch immer du magst. Entscheidungen brauchen oft eine Geste oder ein Ritual, damit wir uns daran erinnern. Du kannst auch Steine in der Natur sammeln, sie mit deinen Gedanken imaginär füllen und dann ins Wasser oder in die Weite werfen!

HÄNGE DIR DEIN MANUSKRIPT AN DIE WAND

Unsere Erinnerungen sind unser Glück, sie sind auch dann unser Glück, wenn wir noch nicht glücklich sind. Erinnere dich bewusst an deine guten Zeiten und hänge Bilder auf! Natürlich dürfen auch Quotes und Inspiration nicht fehlen! Wann immer ich etwas sehe, was mich berührt, schneide ich es aus und hänge es auf! Erstelle dir Visionboards, nutze Pinnwände und visualisiere dir deine Träume groß und deutlich! Am besten an einem Ort, an dem du sie jeden Tag sehen kannst!

Gefühle. Was wären wir Menschen ohne den Zugang zu unseren Gefühlen, unseren eigenen Empfindungen? Wie würden unser Alltag, unser Leben, unsere Momente und vor allem unsere Erinnerungen aussehen, wenn wir keinen Zugang zu unseren Gefühlen hätten? Oder anders gesagt, wie würde sich dein Leben verändern, wenn es ab heute in deinem Leben keine Gefühle mehr geben würde? Warum sind Gefühle das, was uns immer wieder überfordert oder sogar Angst macht? Was bringt uns dazu, Gefühle zu ignorieren oder sie gar abzustellen? Was hat es mit diesem vielschichtigen Mythos Gefühle nur auf sich, dass wir Menschen uns immer wieder von ihnen leiten lassen, uns ihnen hingeben und die Sehnsucht verspüren, in ihnen zu versinken?

Ich bin ein unfassbar emotionaler Mensch. Durch meine Hochsensibilität sind Gefühle genau der Bereich, in dem ich mich nicht nur am sichersten fühle, sondern auch am schnellsten verliere. Ich kann nie nichts fühlen. Ich fühle ununterbrochen. Doch ich habe gelernt, dass es keinen Sinn macht, sich dagegen aufzulehnen. Es ist, wie es ist. Und umso mehr ich dagegen ankämpfe, desto unwahrscheinlicher ist es, dass sich etwas verändert. Es ist ein Fluch und ein Segen, immer zu viel zu fühlen. Auf der einen Seite macht es dich unglaublich verletzlich, es bringt dich dazu, dir alles sehr schnell zu Herzen zu nehmen, superschnell Mitgefühl und Leid von anderen Menschen zu spüren und auch an dich ranzulassen. Durch das viele Fühlen ist es manchmal sehr schwer zu unterscheiden, welche Gefühle eigentlich zu dir selbst und welche zu deinem Gegenüber gehören. Es fällt nicht nur schwer, seine eigenen Grenzen zu halten, sondern es beginnt schon damit, sie überhaupt nur wahrzunehmen. Bin ich denn jetzt noch bei meinem eigenen Gefühl oder fühle ich mich gerade nur schlecht, weil der Mensch, der mir am Herzen liegt, etwas gesagt hat, was mir zu denken gibt, obwohl es überhaupt nichts mit mir zu tun hat? Wir halten fest: Zu viel zu fühlen – oder immer zu fühlen – kann etwas sein, was sehr, sehr anstrengend ist. Ich habe das permanente Bedürfnis nach Klarheit und Ehrlichkeit. Freunde, die mir aufrichtig gegenüberstehen und meine Grenzen und Emotionen schätzen und schützen. Mich in einem Umfeld zu bewegen, in dem ich mich sicher fühle, ist die wichtigste Voraussetzung für ein ausgeglichenes Leben.

Auf der anderen Seite haben diese großen Gefühle auch eine unglaubliche Kraft. Sie sind so besonders und individuell, dass andere sich davon auch sehr schnell angezogen fühlen. Viel zu fühlen bedeutet, dass du eine sehr große Empathie für Stimmungen und Situationen hast. Fühlen bedeutet, sich in den Wahrnehmungen deiner Sinne zu verlieren. Fühlen bedeutet träumen, Hingabe und vor allem eine starke Verbundenheit zu deinem eigenen Geist. Dir zu erlauben, viel zu fühlen, kann das Tor zu einer neuen Welt bedeuten. Denn hinter den vermeintlichen Mauern liegen meist die wahren Schätze. Emotionen und Bedeutungen, Leidenschaft und Vertrauen. Und ich denke, dass das der Schlüssel ist: Vertrauen. In deine eigenen Gefühle zu vertrauen.

Meine beiden Hände reichen nicht aus, um dir von Situationen aus meinem Leben zu erzählen, in denen ich meinen eigenen Gefühlen nicht vertraut habe. In denen ich mich selbst angezweifelt habe und lange gehadert habe, mich wirklich festzulegen. Das meine ich, wenn ich sage, ich habe den Kontakt zu mir selbst verloren. Mir selbst fremd zu sein, mich von mir selbst zu entfernen.

WIE ENTSTEHEN

Gefühle?

Podcastfolge:
Wie entstehen Gefühle mit Angela Woite
(Heilpraktikerin für Psychotherapie)

Immer wieder sagen Menschen zu mir: »Ich hab mich irgendwo in mir drin selbst verloren.« Vielleicht ist das die Metapher, das Bild, das kommt, wenn man davon spricht, sich selbst nicht mehr fühlen zu können. Ich glaube, wir alle kennen diese Tage oder Momente, in denen wir uns einfach platt und überfahren fühlen. In denen wir keinen Zugang zu unserem emotionalen Innenleben haben. Nicht wissen, was uns gerade guttun würde. Wir entscheiden uns, etwas zu tun, und wissen fünf Minuten später doch nicht wirklich sicher, ob das jetzt die richtige Entscheidung war. Es fühlt sich an, als wäre da eine innere Leere, einfach nichts, keine Substanz in einem selbst, die man greifen kann. Doch vermutlich ist es das gar nicht. Vermutlich sind wir gar nicht so leer, wie wir denken. Es ist nicht so, dass unsere Hand immer wieder versucht nach Gefühlen zu greifen, aber sie ins Leere fasst. Es geht nicht darum, dass wir in uns drin nach Gefühlen suchen und einfach keine da sind.

Meiner Meinung nach geht es darum, dass die Mauer um unsere Gefühle so groß geworden ist und wir gelernt haben, sie auf eine mehr oder weniger gesunde Art und Weise abzuspalten. Das geschieht auch gar nicht bewusst. Es ist nicht so, dass du eines Morgens aufwachst und beschließt: »Ab heute werde ich nicht mehr fühlen.« Ich glaube, es ist viel mehr eine Entscheidung unseres Unterbewusstseins, die auf jeden Fall dazu beiträgt, uns vor Schmerz zu beschützen. Denn nichts in unserem Unterbewusstsein geschieht aus Sinnlosigkeit oder mit der Absicht, uns das Leben zu erschweren.

Ich möchte dir zeigen, wie du lernen kannst, dir selbst zu vertrauen, wie du wieder mutig wirst, dich selbst fühlen zu lassen. Dabei kann ich dir hier und heute versprechen, dass dieser Weg nicht immer der einfachste für dich sein wird. Es wird Tage geben, an denen du verzweifelst und dir wünschst, all den Schmerz oder die Wut nicht zu spüren. Denn manchmal wäre es einfacher, lieber wieder »nichts« statt »schlechte« Gefühle zu fühlen. Warum es schlechte Gefühle nicht gibt, erkläre ich dir gleich noch. Wichtig ist, dass du weißt, dass solche Tage immer wieder kommen werden. Ich kenne sie zur Genüge. Vielleicht denkst du dir jetzt: »Na super, dann verdränge ich lieber weiter und fühle nichts, bevor ich Schmerz spüre.« Das ist völlig verständlich. Doch was dir auf dieser Reise zu dir selbst passieren wird, ist viel besser: Indem du alle Gefühle zulässt, wirst du ehrlich zu dir selbst sein. Und das ist eines der schönsten Geschenke der Welt. Es ist so mutig und aufrichtig, dir selbst gegenüber ehrlich zu sein. Und ich glaube, dass da das Hauptproblem der Gefühle hängt. Manchmal wollen wir vielleicht gar nicht ehrlich zu uns selbst sein, weil wir denken, dass die Wahrheit wehtut. Doch wenn du dir gegenüber nicht ehrlich sein kannst, wem dann?

Genug geredet. In der Theorie klingt das alles total plausibel und hochgeschwollen. Doch jetzt mal Butter bei die Fische. Lass uns über Gefühle in der Praxis sprechen! Wie entstehen sie eigentlich, und wie schaffe ich es, mehr Verständnis für sie zu haben?

Am Anfang steht immer die Wahrnehmung. Wir nehmen eine Situation wahr. Dabei arbeiten unsere Sinne meistens schon unterbewusst und senden Reize und Informationen an unser Gehirn.

An zweiter Stelle kommt dann – und das ist oft das Problem – die Bewertung. Wir entscheiden in den meisten Fällen schon intuitiv, ob die Situation gut, schlecht, hilfreich oder bedrohlich ist. Umso ehrlicher du zu dir selbst bist, umso besser du dich kennst und umso näher du bei dir selbst bist, desto besser kannst du deine eigenen Impulse hier wahrnehmen.

Und dann folgt auch schon, wer hätte es gedacht: das Gefühl. Wir fühlen uns verärgert, hilflos, glücklich, unsicher, dankbar oder traurig.

In einem Praxisbeispiel sieht das Ganze dann wie folgt aus: Stelle dir vor, du bist mit einer Freundin in einem Café verabredet und freust dich schon seit Tagen auf diese Zeit zu zweit. Du erreichst das Café, bist ein paar Minuten zu früh und stellst fest, dass du als Erstes da bist. Du suchst dir einen schönen Platz für euch beide aus, von dem aus du die Eingangstür gut im Blick hast, und beginnst darauf zu warten, dass deine Freundin ankommt. Doch auch nach zehn Minuten siehst du von ihr noch keine Spur. Beobachte deine Gedanken, was passiert jetzt?

1. Du beginnst dich zu ärgern. Ist das jetzt wirklich ihr Ernst? Dich hier einfach so sitzenzulassen? Deine Zeit ist ja schließlich auch etwas wert, und du könntest gerade so viel sinnvollere Dinge tun, als hier zu warten. Das Gefühl, das durch diese Gedanken entsteht, ist sicherlich nicht positiv, oder?

2. Vielleicht ist ihr etwas passiert? Eigentlich verspätet sie sich nie, und mir kommt das alles ein wenig spanisch vor. Jetzt beginne ich mir schon langsam Sorgen zu machen. Hier bringen deine Gedanken dich dazu, dich zu sorgen und unsicher zu fühlen.

3. Bin ich vielleicht falsch? Haben wir wirklich diese Zeit ausgemacht oder habe ich mich im Tag vertan? Wie peinlich wäre es jetzt, wenn ich hier sitze und wir eigentlich gar nicht verabredet sind? Deine Gedanken bringen dich dazu, dich unsicher zu fühlen und mit dir selbst ins Gericht zu gehen.

4. Eigentlich ist es schon schade, dass es ihr nicht wichtig genug ist, mich kurz darüber zu informieren, dass sie später kommt. Ich bin ja immer pünktlich. Es macht mich traurig, dass ich nicht die Wichtigkeit für sie habe, die sie für mich hat.

5. Du könntest auch denken: Wie schön, mir wird gerade etwas mehr Zeit geschenkt. Ich hatte mich vorhin eh schon darüber geärgert, immer so gestresst zu sein, und jetzt kann ich die Zeit nutzen, einfach mal bewusst zu atmen, in eine Zeitschrift reinzulesen oder mir schon mal was zu trinken zu bestellen. Sie verspätet sich sicherlich nicht mit Absicht, und ich nutze die Zeit jetzt für mich.

In diesen fünf verschiedenen Beispielen siehst du sehr deutlich, dass deine Gefühle etwas sind, was in dir selbst entsteht. Natürlich gibt es auch Gefühle, die durch Körperreize oder über verschiedene andere Wege durch deine Sinne aufgenommen und von deinem Körper zu einem Gefühl umgeleitet werden. Doch in den meisten Fällen entstehen unsere Gefühle durch die Art unserer Gedanken. Und es ist so wichtig, dass du das verstehst.

DIE ART, WIE DU ÜBER DICH SELBST UND ÜBER DAS LEBEN DENKST, IST DIE WEISE, WIE DU DICH SELBST BEHANDELST.

Und mit mich behandeln meine ich: Mit welchen Gedanken fütterst du deinen Kopf? Du kannst dieses Beispiel an ganz viele andere Situationen anpassen und wirst sehen, dass diese Augenblicke meist eine Situation sind, in der wir uns selbst spiegeln. Dieser Moment in diesem Café sagt erst mal noch gar nichts über deine Freundin aus, die sich verspätet. Wir wissen noch nicht, warum sie zu spät ist. Es kann ein Unfall der Grund sein, Unzuverlässigkeit, vielleicht hat sie in der U-Bahn die Liebe ihres Lebens getroffen, vielleicht hat sie Erste Hilfe bei einem Unfall geleistet, ein wichtiges Gespräch mit ihrem Chef gehabt, vielleicht organisiert sie gerade noch einen Strauß Blumen für dich oder ihr Bus hat einfach Verspätung. Fakt ist, wir können nicht wissen, was ist, bis wir wissen, was ist. Doch wir beginnen zu interpretieren und zu spekulieren. Das beeinflusst unsere Gedanken. Deshalb achte auf dich. Erinnere dich immer wieder daran: Das, was du fühlst, ist zu einem großen Teil deine eigene Verantwortung.

Dass das natürlich nicht immer einfach ist und uns auch oft überfordert, dass es auch Situationen gibt, in denen es einfach nicht anders möglich ist, als sich einem Gefühl hinzugeben, ist auch logisch. Tränen sind manchmal nötig, um dich zu reinigen, die Wut zeigt dir, was dir wichtig ist, und auch zweifeln hilft uns manchmal dabei, uns zu vergewissern, ob wir auf dem richtigen Weg sind. Manchmal fühlt sich sogar Ablehnung erleichternd an. Gefühle sind etwas Wunderbares und sehr, sehr Kostbares. Sie machen uns zu dem Menschen, der wir sind. Lehne sie nicht ab, versuche sie und somit auch dich selbst, ein Stück weit mehr zu verstehen.

Keines deiner Gefühle ist negativ oder schlecht, auch das ist nur die Bewertung deiner Gedanken. Angst oder Wut sind Gefühle, die wir oft als negativ bezeichnen. Doch die Angst ist wertvoll, denn sie zeigt dir den Wert einer Sache. Wenn du große Angst hast, jemanden zu verlieren, willst du den Menschen nicht verlieren, weil er dir wichtig ist. In diesem Bereich zeigt sich die Angst durch Liebe. Auch Wut ist ein hilfreiches Gefühl, denn sie bringt dich aus der Angst.

Ich habe fast zwanzig Wochen stationär mit Panikattacken in einer Klinik verbracht und kenne Angst nur zu gut. Der erste Moment, in dem ich angstfrei war, war der Moment, in dem ich in die Wut kam. Die Wut gab mir plötzlich wieder Macht, Kontrolle und vor allem Energie. Ich spürte Reibung und innere Impulse. Die Wut hatte mich aus der Macht- und Hilflosigkeit der Angst gebracht. So ist es mit all deinen Gefühlen und sogar auch mit deinen persönlichen Eigenschaften.

Oft sagen junge Frauen zu mir: »Ich wäre gern weniger perfektionistisch.« Dass das nicht so funktioniert, dass man eines Tages sagt: »So, lieber Perfektionismus, ich habe keine Lust mehr, bitte geh«, ist vermutlich verständlich. Vielleicht wäre es ein guter Ansatz für dich, erst mal zu sehen, wie weit dich dein Perfektionismus gebracht hat? Was für Ziele, bewusst oder unterbewusst, hast du dadurch erreicht? Wie wichtig ist die Liebe zum Detail? Wie zielstrebig bist du in deinem Perfektionismus? Du siehst – es kommt alles zurück auf das Pendeln. Alles im Leben hat zwei Seiten, und es liegt einzig und alleine in der Art und Weise, wie du die Welt betrachtest.

ALLES, WAS DU DIR ERHOFFST, IM AUSSEN ZU FINDEN,

trägst du in dir

Ich wurde oft gefragt: »Wow, wo hast du dieses Selbstvertrauen her?« Die einfache Antwort ist: Es war in mir. Denn alles, was wir brauchen oder glauben zu brauchen, ist in uns. Wir müssen es nur finden. Oder anders gesagt: wir müssen uns der Mauern und Schranken bewusst werden, die wir in uns erbaut haben. Diese Hindernisse haben wir aus gutem Grund errichtet, sonst wären sie nicht da. Deshalb begegne ihnen nicht mit Ablehnung, sondern interessiere dich für das, was dahinter liegt. Es ist ein bisschen so, als würdest du Stück für Stück eine Mauer abtragen.

Wäre es nicht ein schöner Gedanke, dass wir alles, was wir für unser Leben bräuchten, eigentlich schon in uns tragen und es einfach nur aktivieren müssten? Wie einfach wäre das Leben, wenn dieser Zauber wirklich funktionieren würde! Aber es ist so viel schwieriger, als es auf den ersten Blick scheint.

Denn wir haben alles hinter Mauern verborgen und verbringen unser Leben auf einer ständigen Suche. Wir wollen den Grund finden, warum wir hier sind, die Aufgaben, die uns das Universum stellt. Wir wollen den Sinn finden, warum wir Dinge tun, oder Erklärungen für das, was gerade passiert. Die Frage nach dem Warum begleitet uns die meiste Zeit unseres Lebens. Wir verlieren uns darin, uns zu vergleichen, zu analysieren und Probleme zu suchen, wo eigentlich keine sind. Wir malen uns die furchtbarsten Dinge aus und füttern unsere Angst immer wieder mit Gedanken, von denen wir eigentlich wissen, dass sie nicht sinnvoll sind.

Wir suchen immer an der falschen Stelle – nach einer neuen Wohnung, damit wir endlich mehr Raum haben, suchen neue Outfit-Trends, damit wir uns wohler fühlen, suchen Fitness-Inspiration, um endlich irgendwann den Body zu haben, der auf Instagram gerade so modern ist. Vor ein paar Jahren war das viel Hüfte und große Brust, heute eher Oberschenkellücke und Wespentaille.

WIR VERGLEICHEN UNS. WIR SUCHEN IM AUSSEN. ABER DIE SUCHE SOLLTE NICHT IM AUSSEN, SONDERN IM INNEN BEGINNEN. IN UNS.

Ich glaube daran, dass wir genau dort alle Ressourcen finden, die wir brauchen, um die beste Version von uns selbst zu werden. Und wenn ich schreibe, alle Ressourcen, dann meine ich alle. Okay, fast alle! Es gibt eine Sache, die können wir uns nicht selbst geben: sich in den Armen eines anderen Menschen fallenzulassen und beschützt zu fühlen. Dieses Gefühl ist für mich eines der wunderschönsten der Welt, und egal wie sehr wir uns selbst beschützen können, wir brauchen in gewissen Dingen ein Gegenüber.

Wir brauchen Beziehungen, in denen wir uns vervollständigen können. Denn wir sind Rudeltiere, und wir wollen nicht alleine bleiben. Wir brauchen den Austausch, wollen mit anderen Menschen verweilen und reifen. Wir wollen gemeinsam Neues erreichen und über uns hinauswachsen. In den glücklichen Zeiten des Lebens wie auch in Schmerz und Leid ist es schön, Menschen an unserer Seite zu haben, die uns begleiten. Auch wenn wir es immer wieder brauchen, Zeit alleine zu verbringen, der Mensch möchte eigentlich gar nicht alleine sein.

Aufgrund dessen bin ich dankbar für jede Erfahrung, die ich in Beziehungen mit Menschen erlebe, auch wenn es noch so schmerzvoll ist. Es erweitert mein Erfahrungsfeld immer wieder aufs Neue, und das ist es doch, worauf es ankommt im Leben. Wir möchten Facettenreichtum, möglichst viele Erfahrungen machen und unsere Persönlichkeit in alle möglichen Richtungen entwickeln. Meistens wissen wir in der Zeit des Prozesses noch gar nicht, welcher neue Bereich diese Erfahrung in uns aufdeckt. Das ist meistens erst hinterher sichtbar, und genau darin liegt auch die Schwierigkeit, die anstrengenden Phasen auszuhalten, wenn man eben noch nicht weiß, wie das Ganze ausgehen wird. Doch wenn du einen offenen Geist hast, wird das Leben dir die Erfahrungen schicken, die du brauchst, um deine Persönlichkeit bestmöglich zu entwickeln.

Denn von allem ist genug da, es ist quasi in uns verankert, und jede Erfahrung, die wir im Leben machen, bringt uns einen Schritt weiter. Wenn du dir vorstellst, dass du tausend Einmachgläser mit verschiedenen Potentialen in deinem »Regal des Lebens« hast, und 40% von ihnen immer verschlossen bleiben, verstehst du vielleicht ein bisschen besser, was ich meine. Jede Erfahrung und jede Erkenntnis, die wir erleben, öffnet ein neues Glas oder vermehrt den Inhalt eines bereits geöffneten. Du kannst es dir auch so vorstellen, dass ein neuer Bereich deines Gehirns freigeschaltet wird. Alles, was in deinem Leben passiert, passiert aus einem Grund, sonst würde es nicht passieren.

Wenn ich ins Strudeln komme, dann erlaube ich es mir oft, die Situation aus der Helikopter-Perspektive anzuschauen, einfach mal rauszoomen und alles von oben betrachten. In Bezug auf mein ganzes Leben gesehen: Wie dramatisch ist die Situation gerade wirklich? Wenn ich in fünf Jahren auf sie zurückblicke, hat sie mir mehr genommen oder gegeben?

Indem wir uns darauf fokussieren, was uns fehlt oder verletzt, verändern wir unser Leben negativ. Denn wohin wir unseren Fokus richten, dort wird auch die Energie hinfließen. Das heißt nicht, dass wir immer glücklich sein sollen – das ist gar nicht möglich. Es heißt auch nicht, dass sich unser Fokus immer nur auf das Gute legen muss. Es ist auch hilfreich, unseren Schwächen, oder vielmehr sensibleren Anteilen, ins Auge zu blicken. Was ich damit sagen möchte, ist, dass es sich einfacher lebt, wenn wir die Situation erst mal annehmen, wie sie ist, ohne sie direkt zu bewerten oder gar abzuwerten.

VON WAS IN DEINEM LEBEN HÄTTEST DU GERNE MEHR? SELBSTVERTRAUEN? FREIHEIT? AUFMERKSAMKEIT? ANERKENNUNG? GEH UND GIB ES DIR!

Oft wünschen wir uns von anderen Menschen Bewunderung. Warum? Weil wir sie uns selbst nicht geben können. Denn Hand aufs Herz: Von dem, was in uns verstärkt vorhanden ist, brauchen wir von unserem Umfeld nichts mehr. Wie wäre es, wenn du dir mal einen ganzen Tag Zeit dafür nimmst, dich selbst zu bewundern (oder welches Bedürfnis auch immer da in dir schlummert)? Darin liegt das Geheimnis: Probiere es einfach aus.

Fake it till you make it – dieser Spruch hat mir oft geholfen, Dinge einfach mal anzupacken. Wenn ich noch nicht weiß, wie es sich anfühlt, selbstbewusst zu sein und mich schön zu finden, dann tue ich einfach mal einen Tag lang so, als wäre ich es schon. Stelle dich vor den Spiegel und sage dir, wie schön du bist! Immer und immer wieder. Fotografiere dich selbst, zieh dich schön an. Laufe so, wie du laufen würdest, wenn du selbstbewusst wärst. Probiere dich einfach mal aus, ohne dich selbst zu bewerten oder dir Grenzen zu setzen. Früher haben wir den ganzen Tag lang Prinzessin gespielt, uns hübsch gemacht und uns so verhalten, als würden wir auf einem Schloss leben. Wann und warum hat das aufgehört?

Wie wäre die Vorstellung, wenn du rausgehst und dir all das nimmst, was dir zusteht? Wenn du dich entscheidest, die beste Version von dir selbst zu sein, und dir erlaubst, dein Leuchten wirklich in die Welt zu tragen? Wir verstecken uns hinter Eventualitäten, weil wir Angst haben, die Kontrolle über unser Leben zu übernehmen. Was könnten denn die anderen denken? Das kann ich nicht machen, so bin ich nicht!

Es tut mir weh, zu sehen, wie schlecht viele mit sich selbst umgehen, wie sehr die Angst uns im Griff hat und wie wenig Zeit wir uns zum Träumen nehmen. Ich kenne diesen Schmerz so gut. Dieser Zwiespalt zwischen andere nicht verletzen wollen, aber sich selbst auch nicht zu schaden.

Aber ich will diesen Schmerz nicht mehr, ich habe mir geschworen, jeden Tag meines Lebens so zu leben, wie ich will. Dinge zu tun, die ich nicht mehr will? Mich vor anderen für meine Gefühle oder Bedürfnisse rechtfertigen? Ein Leben zu führen,

welches nicht nach meinen Vorstellungen und Wünschen ist? Nein! Damit grenze ich mich ein, damit ignoriere ich mein Potential. Ich bin es wert, glücklich zu sein! Vielleicht bedeutet das manchmal, weniger Sicherheit oder mehr Sprunghaftigkeit in den Gefühlen, auch mal eine Phase aushalten müssen. Doch ganz ehrlich: Das ist alles temporär. Wenn du beginnst, das in dir zu suchen, was du immer im Außen gesucht hast, wirst du Seiten an dir entdecken, die du niemals erwartet hättest. Dein pures Ich.

NIEMAND SAGT, DASS DAS LEICHT IST. ICH WEISS AUS EIGENER ERFAHRUNG, WIE SCHWER ES IST, SICH IMMER UND IMMER WIEDER NEU FÜR SICH SELBST ZU ENTSCHEIDEN.

Ich weiß, wie schwer es ist, auszubrechen. Vor allem in Bezug auf das, was andere von dir halten und dann über dich sagen. Doch ich kann es nur noch mal betonen: Es ist dein Leben. Dein eigenes. Und am Ende des Lebens solltest du darauf zurückblicken und dankbar sein. Dir selbst. Wir erleben die größte Entwicklung, wenn wir uns unseren eigenen Abgründen stellen. Wenn wir uns fallenlassen in das, was uns Angst macht. Wenn wir zulassen, was wir nicht fühlen wollen, und trotzdem sensibel genug sind, unsere eigenen Grenzen zu halten.

Where the focus goes the
ENERGY FLOWS

Worauf liegt dein Fokus?

Was ist dir im Leben wichtig? Trage in die Kreise die Bereiche ein, auf denen dein Fokus am meisten liegt. Das kann beispielsweise dein Job, deine Familie, Gesundheit oder auch ein Hobby sein. Vielleicht ein aktuelles Projekt oder ein Wert, nach dem du sehr strebst. Dann wirst du erkennen, für welche Dinge du am meisten Energie aufwendest. Es hilft manchmal, seinen Fokus zu überprüfen. Manchmal verlieren wir uns in anderen Energien zu sehr.

ALLES, WAS WIR FÜR UNS SELBST
TUN, TUN WIR AUCH FÜR ANDERE, UND
ALLES, WAS WIR FÜR ANDERE TUN,
TUN WIR AUCH FÜR UNS SELBST.
THICH NHAT HANH

Unser Gehirn ist sehr intelligent. Indem wir uns unsere Träume und Wünsche immer wieder visualisieren und uns im Detail vorstellen, wie wir unsere Zukunft gerne hätten, handelt unser Gehirn unterbewusst. Tief verankerte Wünsche gelangen in unser Unterbewusstsein und wir entscheiden uns quasi intuitiv dafür, jede Entscheidung zu treffen, die uns diesem Ziel näher bringt.

Visualisierung
WO WILLST DU HIN?

WO MÖCHTEST DU IN DREI JAHREN SEIN? WO WACHST DU AUF?
WER IST UM DICH HERUM? WIE GEHT ES DIR? BESCHREIBE IM KLEINSTEN
DETAIL, WIE DEIN TAG AUSSEHEN WIRD!
(WENN DER PLATZ NICHT REICHT, KLEBE GERN EINEN ZETTEL EIN!)

Glaube nicht alles,
WAS DU DENKST

Auch wenn ich eher ein fühlender Mensch bin, denke ich eigentlich ununterbrochen. Ich kenne es unendlich gut, wenn man sich in seinen eigenen Gedankenmustern verliert. Doch dabei ist eines extrem wichtig: Glaube dir selbst nicht alles, was du denkst! Denn wenn wir uns jeden Gedanken glauben würden, der da so durch unseren Kopf geistert, könnten wir vermutlich gar nicht glücklich werden.

Lass mich ein extremes Beispiel machen: Wir alle haben uns schon einmal vorgestellt, wie unsere eigene Beerdigung sein würde, wer alles kommen wird und wie die Menschen um uns trauern würden. Wir haben uns vermutlich alle schon mal den Bruchteil einer Sekunde überlegt, das Lenkrad im Auto zu verreißen. Wie wäre es, jetzt einfach in den Gegenverkehr zu fahren oder gerade auf diese Wand zu? Diese Gedanken sind absolut normal.
Ich habe sie auch immer wieder, nur gebe ich ihnen keine Macht. Ich denke: »Hey, schön, dass du da bist, lieber Gedanke. Hast mir mal wieder gezeigt, wie schnell das Leben vorbei sein kann und dass auch mir mein eigener Tod noch bevorsteht. Danke, dass du da warst, lieber Gedanke. Du kannst jetzt wieder gehen.« Und zack – weg ist er. Die meisten unserer Gedanken und Gefühle verändern sich nämlich, nachdem wir ihnen Raum gegeben haben. Umso mehr wir uns verbieten, so

etwas zu denken, desto stärker nehmen sie Raum in uns ein. Das ist das Gesetz der Anziehung. Wenn wir sagen »Ich darf das nicht denken«, denken wir ja automatisch schon daran. Entdramatisieren wir das Ganze und sagen stattdessen »Ach, nett, aber glaube ich nicht mehr«, lassen wir es frei und nehmen dem Gedanken die Energie.

Überprüfe mal für dich selbst: Verbringst du mehr Zeit mit positiven oder mit negativen Gedanken? Zum Beispiel, wenn du zum Einkaufen fährst:
»Zu nah an diesem Auto sollte ich nicht parken, das hat ja schon so viele Dellen. Da steigt sicher gleich jemand aus und haut mir die Tür in die Seite.« – »Hier könnte ich einen Strafzettel bekommen.« – »Eigentlich sind die Bananen schon wieder teurer geworden.« – »Die Schlange an der Kasse ist auch superlang.«
Oder jagst du eher positive Gedanken durch deinen Kopf: »Hier ist ein guter Ort für mein Auto.« – »Wie schön, dass es auch frische Himbeeren zu kaufen gibt.« – »Schön, dass ich an der Kasse ein wenig warten kann, so hab ich noch mal einen Moment für mich.«

Nimm deinen negativen Gedanken die Macht über deine Gefühle. Denn solche Gedanken machen deine Gefühle. Es kann so erleichternd sein, den Gedankenfluss mit ein bisschen Abstand und Humor zu beobachten. Du wirst sehen, wenn du den Dreh raushast, kannst du auch über dich selbst schmunzeln.

Es ist wichtig zu verstehen, dass dein Geist genau das anzieht, was du ausstrahlst. Wenn du dich jeden Tag mit negativen Gedanken umgibst, wirst du Negatives ausstrahlen und Negatives anziehen. Menschen mit dem gleichen Mindset fühlen sich von dir angezogen und suchen deine Nähe.

Es ist nie zu spät, umzudenken. Wie wäre es, wenn du heute damit beginnst?

- DAS BIN ICH NICHT WERT

- ICH KANN DAS NICHT

- ICH HABE DAS NICHT VERDIENT

- ICH DARF KEINE SCHWÄCHE ZEIGEN

Glaub-ich-mir-nicht-mehr-Liste!

DAS
LEBEN
IST IMMER
DAS, WAS
DU DRAUS
MACHST.

Wer will, findet Wege
WER NICHT WILL, FINDET GRÜNDE

Viel zu oft in unserem Leben machen wir uns klein, lassen uns von vorgefertigten Interpretationen die Möglichkeiten verbauen. Wir zweifeln, anstatt zu glauben, wir sind ängstlich, obwohl wir vertrauen sollten. Sich selbst anzuzweifeln und sich hinter der Angst zu verstecken, ist eine der unnötigsten Angewohnheiten des Menschen. Denn egal, was du möchtest, du kannst alles schaffen. Da gibt es nur einen Haken: Du musst wirklich wollen.

Und ja, ich weiß, ich sollte das Wort »müssen« eher durch »dürfen« ersetzen. Wochenlang bin ich durch die Gegend gerannt und habe gesagt: Ich muss dieses Buch schreiben! Nein. Ich darf. Und das ist so viel schöner. Doch in diesem Fall muss ich dich leider enttäuschen. Du musst wirklich wollen. Denn wo kein Wille ist, ist auch kein Weg.

Meine Eltern haben mich so selbstbewusst erzogen, dass ich gesellschaftliche Grenzen immer wieder durchbrechen und für mich selbst entscheiden konnte. Ich durfte anecken, das hat meine Persönlichkeit geformt. Ich durfte anders sein und auch mal gegen den Strom schwimmen. Damals schien es ein rebellisches Verhalten zu sein, das große Folgen haben kann, wenn das so rauskommt. Doch heute muss ich sagen, all die kleinen Entscheidungen, anders zu sein, haben meine starke und selbstbewusste Persönlichkeit geformt. Ich weiß, was ich kann, ich weiß, was ich nicht kann, und ich weiß, wie weit ich gehen kann.

Wenn ich in meinem Leben zurückgehe, muss ich etwas ausholen, denn ich wurde schon in meiner frühen Jugend sehr selbstbewusst erzogen. In mir schlummerte von Beginn an ein kleiner Rebell. Wie das entstanden ist, war mir nicht immer so ganz bewusst. Doch ich kann es dir anhand von kleinen Beispielen erklären. Wir alle erinnern uns an unser Hass-Schulfach. In meinem Fall war das Mathe in Abwechslung mit Physik und Chemie. Egal wie, das alles wollte nicht in meinen Kopf. Ich bemühte mich, mich im Unterricht immer viel zu melden, mich mit einzubringen und so dem Lehrer auch trotz meiner falschen Antworten mein Interesse und meine Bemühungen zu zeigen. In den Kurztests lernte ich mit Mut zur Lücke, anders war es nicht möglich, diesen absolut uninteressanten Stoff, den ich auch nie wieder in meinem Leben gebraucht habe, in meinen Kopf zu bekommen. Und kaum hatte ich mich mit Mühe und Not auf eine stabile 4 gehangelt, drohte auch schon das nächste Desaster: Der nächste Themenschwerpunkt lag auf einem Thema, mit dem ich absolut nichts anfangen konnte, und rechnen musste ich dazu auch noch! Und natürlich, wie sollte es anders sein, stand zu diesem Bereich auch ein Test bevor. Ich wusste, dass er meine Note kaputt machen und ich vermutlich auf eine 5 rutschen würde, somit war meine Versetzung gefährdet. Also was sollte ich tun? Ich musste ganz klar mit meiner Mutter reden! Ja, was tut man in so einer Situation als Mutter? Wenn die Tochter jammernd vor einem steht und diese überaus sinnvollen Argumente bringt? »Mama, ich checke es einfach nicht, und jetzt halte ich meine 4 so gut, aber wenn ich morgen diesen dummen Test verhaue, dann falle ich durch.« Oder: »Du glaubst doch nicht wirklich, dass ich in meinem Leben jemals in die Situation kommen werde, Kettenreaktionen von Kernspaltungen und Kernfusionen ausrechnen zu müssen? Mama, es gibt Google, sollte ich jemals etwas benötigen, und zur Not kann ich auch meinen Bruder anrufen.« Gute Argumente überzeugten, meine Mama hatte ein großes Herz und noch größeres Verständnis. So durfte ich an manchen Schultagen zu Hause bleiben, damit mir der Test nicht einen Strich durch meine Versetzung in die nächste Jahrgangsstufe machte. Und da man Kurztests nicht nachschreiben kann, wirkte sich dann meine gute Mitarbeit auf die fehlende Note aus und voilà – das Thema war durch. Vielleicht denkst du dir jetzt, wie falsch das doch ist und dass man Schulpflicht hat und eben mehr lernen sollte, wie wichtig es doch ist, sich auch mal durch schwere Situationen durchzubeißen. Doch ganz ehrlich? Für was? Ich glaube kaum, dass die Willensstärke, Dinge zu lernen, die mich absolut null interessieren, irgendwas in meiner Persönlichkeit so verändert, dass ich einen wirklichen Nutzen davon habe. Wie furchtbar ist es, dass wir in der Schule permanent den Fokus auf unsere Schwächen lenken und versuchen, in ihnen besser zu werden, anstatt uns darauf zu fokussieren, wie wir unsere

Stärken mehr entwickeln können? Das ist unser Schulsystem. Das ist ein ganz anderes Thema, doch was ich dir sagen kann, ist, dass all diese kleinen Entscheidungen mein Leben bereichert haben. Ich habe gelernt, Situationen besser einschätzen zu können, abzuwägen. Vielleicht denkst du jetzt, das sei berechnend, und in diesem Fall muss ich dir sogar recht geben.

MIR HAT ES IN MEINEM LEBEN VIEL SELBSTBEWUSSTSEIN, SICHERHEIT UND EIN GUTES GEFÜHL FÜR MICH UND MEINE GRENZEN GEGEBEN, DIE SITUATIONEN IMMER WIEDER NEU EINSCHÄTZEN ZU KÖNNEN.

Ein halbes Jahr vor der Abschlussprüfung in der Realschule habe ich dann die Schule geschmissen. Meine Noten waren nicht die besten, ich wusste, dass ich in der Prüfung absolut versagen werde, weil ich mit meinen guten Kenntnissen in Englisch und Deutsch niemals meine Defizite in Mathe würde ausgleichen können. Von daher wusste ich vorher: Ich lasse es lieber gleich. Die Schulleitung bot mir an, die Klasse zu wiederholen und die Prüfung nächstes Jahr mit mehr Vorbereitung zu schreiben. Doch ich wäre nicht ich, wenn ich nicht schon lange einen Plan B gehabt hätte. Ich wollte nämlich Grafikerin werden!

Während meiner Pubertät habe ich eine große Leidenschaft für die Fotografie entwickelt, doch die Ausbildungsgehälter waren ein Witz. Zudem wollte ich meinen Alltag nicht damit verbringen, in einem Studio Passfotos zu schießen, sondern ich wollte mich von der Natur inspirieren lassen. Ich verbrachte Stunden in Wäldern und Wiesen und war fasziniert von den verschiedenen Lichtspielen und Bewegungen, die die Natur für uns bereithält. Also legte ich meinen Fokus mehr auf den Bereich der Mediengestaltung und machte in den Ferien immer wieder Praktika in Werbeagenturen. Ich hätte diese Praktika nicht machen müssen, das war keine Vorgabe der Schule. Ich habe sie freiwillig gemacht, um meinen Horizont zu erweitern und in möglichst viele Unternehmen reinzuschnuppern. Eins davon begeisterte mich dabei wirklich sehr: ein Wochenblatt in der fränkischen Heimat. Dort konnte ich kreativ Anzeigen für Kunden erstellen, mich im Satz der Zeitung austoben, eigene Ideen mit einbringen und das Beste: Ich durfte sehr viel fotografieren. Von Veranstaltungen über Städte, Porträts und auch einige Produktbilder – ein Traumjob! Der Chef des Wochenblatts war begeistert von meiner Arbeit und bot mir einen Ausbildungsplatz an. Was für eine tolle Chance!

Als die Schulleitung mir die freiwillige Ehrenrunde angeboten hat, war ich clever. Ich habe meinen zukünftigen Chef angerufen und ihm die Situation geschildert. Ich versicherte ihm, dass das Wissen, das ich in den schlechten Fächern nicht erlangen konnte, niemals meine Arbeit als Grafikerin und Fotografin beeinflussen würde. Warum auch? Alles, was ich in Mathe für mein Leben jemals gebraucht habe, war der Dreisatz, und den kann ich bis heute im Schlaf! Mein Chef war witzigerweise sofort auf meiner Seite. »Alex, welchen Schulabschluss du hast, ist mir eigentlich ziemlich egal. Ich bin von deiner Arbeit überzeugt und möchte, dass du im September bei uns anfängst.« Super, dachte ich mir, und habe mich in der Schule hier am Dorf zum Quali (Qualifizierender Hauptschulabschluss) angemeldet. Den habe ich dann natürlich auch mit Bravur bestanden. Englisch, Deutsch eine

glatte 1 und Mathe – wer hätt's gedacht … es hat nur für eine 4 gereicht. War mir aber ziemlich egal. Denn wen interessiert nach einer abgeschlossenen Ausbildung noch mein Qualizeugnis?

Und da steckt schon das erste Learning für dich drin.

WENN DU ÜBERZEUGT BIST VON DEM, WAS DU KANNST UND WAS DU MÖCHTEST, WIRST DU MIT DIESER AUSSTRAHLUNG ANDERE MENSCHEN ANSTECKEN.

Hätte ich meinen zukünftigen Chef mit lauter Selbstzweifeln und Ängsten um Hilfe gefragt, wäre die Situation sicher anders verlaufen. Es macht einen Unterschied, wie du dich verkaufst. Was glaubst du, hätte er gesagt, wenn ich erzählt hätte, wie doof und megaunfair das alles gelaufen ist und dass ich nicht wüsste, was ich jetzt machen soll. Allerdings heißt das nicht, dass ich mir die Situationen schon so hinrede, wie ich sie brauche. Die Praktika habe ich freiwillig in der Zeit gemacht, in der alle anderen im Urlaub waren oder ihre Ferien genossen haben. Ich hatte ein Interesse, und ich habe alles getan, um mehr darüber zu lernen und besser zu werden. Das hat sich dann ausgezahlt. Ist das nicht auch irgendwie berechnend?

Glaube an dich. An deine Fähigkeiten. Tritt mit einer Selbstsicherheit auf, die andere überzeugt. Vielleicht klingt das für dich jetzt nach einer Glückssituation. Aber ganz ehrlich? Ich habe mein Können und meinen Einsatz ja vorher in einem Praktikum bewiesen. Ich verkaufte ihm ja keinen Humbug, sondern einfach nur meine Sichtweise auf die bevorstehende Ausbildung.

Wenn ab da alles nach Plan gelaufen wäre, wäre mein Leben langweilig gewesen. Ich merkte recht schnell, dass dieses Wochenblatt nicht das Wahre war. Zwei Jahre trat ich mit meinem Wissen auf der Stelle, setzte Woche für Woche die gleichen Zeitungsseiten, erhielt wenig Unterstützung und hatte vor allem auch keinen Ansprechpartner, der mir wirklich mal Dinge beibringen konnte. Das langweilte mich. Zusätzlich lief in dem Betrieb einiges schief, wir gingen pleite, und mein Gehalt wurde mir nicht mehr gezahlt. Und jetzt? Jammern und Arbeitsgericht? Nö.

Ich habe mich blind bei anderen Werbeagenturen beworben. Natürlich ohne Zeugnisse, das wäre ja peinlich geworden, denn in die großen Agenturen kommt man nur rein, wenn man mindestens auf der Fachoberschule war! Also habe ich meine freie Zeit auf der Arbeit genutzt, um mir ein tolles Portfolio aufzubauen. Ich habe mir Firmen ausgedacht, für die ich Logos entworfen habe, habe Konzepte für Webseiten gemacht und viel frei fotografiert. Irgendwann habe ich diese Mappe an die Agentur meiner Wahl geschickt – und sie hat sich bei mir gemeldet. Allerdings würden sie erst im nächsten Jahr wieder einstellen und sich bei mir melden, wenn es so weit wäre. Mist. Warten.

Ich wollte die Zeit nutzen, um mir mehr Wissen anzueignen. Meine Eltern haben mir Videotrainings gekauft, so habe ich viel über neue Programme gelernt. Genau an dem Tag, als mein damaliger Chef mir von der Insolvenz berichtete und mir sagte, dass sie alle entlassen müssten, er mich aber sicher bei anderen Unternehmen unterbringen konnte, passierte ein kleines Wunder. Ich war nach Feierabend auf dem Weg zu meinem Auto und grübelte darüber, wie es jetzt wohl weitergehen würde. Plötzlich klingelte mein Handy. Die

Agentur, bei der ich mich vier Monate zuvor beworben hatte, wollte mich kennenlernen und lud mich gleich am nächsten Tag zu einem Vorstellungsgespräch ein. Wie konnte das sein?

Einen Tag nach unserem Gespräch erhielt ich den Anruf, dass sie mich gerne übernehmen würden. Was für ein unglaubliches Timing.

Ein witziger Fakt nebenbei ist, dass ich nach meiner Abschlussprüfung der Ausbildung (mit der ich automatisch die mittlere Reife erhielt) in dem Betrieb übernommen wurde und mich die Personalchefin fragte, ob ich eigentlich meine Zeugnisse bei meiner Bewerbung abgegeben hatte. Hatte ich ja nicht, ich habe damals einfach so viele Arbeitsproben in die Mappe gelegt, dass gar nicht aufgefallen ist, dass mein letztes Zeugnis aus der neunten Klasse der Realschule war.

»Ne, Zeugnisse hab ich weggelassen, ich dachte, wenn ihr seht, dass ich nur einen Quali habe, stellt ihr mich nicht ein.« – »Was? Du hast nur einen Quali?«

Ja. Mehr hatte ich zu dem Zeitpunkt nicht als schriftliche Qualifikation. Aber ich hatte Kampfgeist, Willen, Selbstbewusstsein und eine Menge Kreativität. Seit drei Jahren überzeugte ich mit meiner Arbeit. Sie haben mich aufgrund des tollen Vorstellungsgesprächs eingestellt und aufgrund meiner guten Arbeit nach der Ausbildung übernommen. Ist ein Zeugnis hier wirklich nötig? Natürlich nicht.

DAS MEINE ICH, WENN ICH SAGE: ICH WEISS, WAS ICH KANN, UND ICH WEISS, WAS ICH NICHT KANN.

Während meiner Arbeit in der Werbeagentur hat es mich dann in die Hochzeitsfotografie gezogen. Wenn du eine Spiegelreflexkamera hast, findet dich die erste Hochzeit, und nicht andersrum. Ich habe mir meine Marke Frau Herz aufgebaut und fleißig außerhalb meiner Arbeitszeiten fotografiert. Auch in der Agentur habe ich eine Menge kleiner Shootings übernommen, und mein Arbeitgeber hat sehr viel von meinen Fähigkeiten profitiert.

Aber das Leben hatte mehr mit mir vor. Mein Papa wurde ganz plötzlich krank, und in meinem Leben haben sich alle Prioritäten verschoben. Alles wurde unwichtig, alles wurde klein und beschränkte sich auf das Wesentliche. Ich habe meinen Job in der Agentur gekündigt, um meinen Papa durch seinen schlimmen Sommer zu begleiten. Arbeitslosigkeit anmelden kam für mich nicht in Frage. Seit drei Jahren war ich nebenbei selbstständig, also wagte ich jetzt den Schritt in die volle Selbstständigkeit. Ich würde wieder einen neuen Job finden, wenn mein Papa alles überstanden hatte, und wieder gesund und stark war.

Mich hat es also mehr oder weniger in die Selbstständigkeit geworfen. Und ich erinnere mich, als wäre es gestern, wie ich mit meinem Papa im August auf der Terrasse in meinem Elternhaus saß. Der lauwarme Wind wehte durch mein Haar. Wir haben zusammengeschrieben, wie viel Geld ich verdienen müsste, damit sich die Selbstständigkeit rentiert. Und da mein Papa Steuerberater war, hatte er eine Menge Ahnung davon. Wir schrieben auf, was Versicherungen so kosten und welche Kosten generell so auf mich zukommen würden. Und dann war da dieser Moment. Mein Papa legte seinen Block zur Seite, legte seinen Kopf in den Nacken, schloss die Augen. Die Sonne schien in sein Gesicht. »Weißt du, Ali, egal was wir jetzt aufschreiben: Wenn es eine schaffen

kann, dann bist du es. Und mehr muss ich dazu nicht sagen.«
Meine Mama, die währenddessen die Blumen goss und unser Gespräch mit halbem Ohr mitbekam, gesellte sich zu uns und sagte: »Ach, weißt du, ich kann mir vorstellen, dass Alex irgendwann mal Mitarbeiter hat und ein eigenes Büro, und dann werden wir uns an diesen Moment zurückerinnern. Wer weiß, wie groß das mit ihr mal wird.«

Und jetzt sitze ich hier und schreibe mein erstes Buch. Habe drei Unternehmen, Angestellte, ein tolles Team und bin wirklich glücklich mit dem, was ich tue. Und jetzt frage ich dich: Hatte ich einfach nur Glück? War ich einfach nur zur richtigen Zeit am richtigen Ort? Oder habe ich mir das, was ich jetzt habe, wirklich hart erarbeitet und einfach niemals aufgegeben, an mein volles Potential zu glauben?

»Du hattest einfach Glück, dass du über Nacht erfolgreich wurdest.« Na ja. Über Nacht erfolgreich zu werden, hat mich viele Jahre harte Arbeit und eine Menge Mut gekostet.

Natürlich ist es ein unbezahlbarer Luxus, wenn du die bedingungslose Unterstützung von Menschen hast, die dich lieben. Dein Potential nicht zu ignorieren, ist jedoch das größte Geschenk, das du dir selbst machen kannst. Wenn du wirklich erfolgreich und glücklich mit dem sein möchtest, was dein Herz dir sagt, dann musst du dein Leben selbst in die Hand nehmen und dich nicht mehr von anderen abhängig machen.

Lebst du dein
GANZES POTENTIAL?

FAMILIE

FINANZEN

deine
Lebensbereiche

KÖRPER
(GESUNDHEIT)

KARRIERE

BE-
ZIEHUNGEN

GEIST
& SEELE

Wie ist deine Balance?

Es ist immer wieder wichtig, seinen Fokus zu überprüfen und sich selbst klare Ziele zu setzen. In dieser Grafik siehst du sechs große Bereiche deines Lebens. In das leere Feld kannst du noch einen Bereich eintragen, falls du das Gefühl hast, dass etwas fehlt. Nimm dir ein paar Minuten Zeit, zu überlegen, wie du dich in den verschiedenen Bereichen entwickeln möchtest. Wo steckt noch Potential und was sind deine konkreten Wünsche oder Ziele in den unterschiedlichen Lebensbereichen? Trage hier ein, was du in den nächsten Jahren erreicht haben möchtest. Setze dich nicht unter Druck, es ist absolut okay, groß zu träumen :)

FAMILIE

FINANZEN

KARRIERE

BEZIEHUNGEN

GEIST & SEELE

GESUNDHEIT

Achtsamkeitsübungen

DIE AUCH IM GRÖSSTEN ALLTAGSSTRESS FUNKTIONIEREN

WARTESCHLANGE?

Immer genau dann, wenn es uns gar nicht passt, steht sie vor uns: die Warteschlange! An der Kasse im Supermarkt oder bei der Post. Wir ärgern uns darüber, dass wir warten müssen, doch viel schöner ist es, die Zeit zu nutzen. »Schön, ein paar Minuten Zeit für mich alleine, in der es jetzt nichts zu tun gibt, außer zu sein«, denke ich mir jedes Mal. Nimm dir die Zeit, durchzuatmen oder um deinen Beckenboden immer wieder anzuspannen. Bewege deine Finger oder Handgelenke. Tu dir etwas, was dir guttut.

VERBINDE DICH MIT DEINEM ATEM

Egal, was war, ist oder sein wird: Solange du lebst, atmest du! Dein Atem ist die Verbindung zur Gegenwart. Atme tief durch die Nase in deinen Bauch, spüre, wie sich die Bauchdecke hebt. Dann atme aus, spüre das Senken deines Bauches und den Luftstrom an deiner Nasenspitze. Du kannst bei jedem Einatmen neue Energie in deinen Körper lassen und mit jedem Ausatmen Anspannung und Druck loslassen.

EINEN TEE BITTE!

Mein Geheimtipp für Stress: Tee kochen! Und zwar nicht nur wegen der Flüssigkeit, die du deinem Körper damit gibst, sondern auch für die Zeit des Wasserkochens. Bleibe neben dem Wasserkocher stehen und nutze die Zeit, um kurz eine Pause zu machen und bewusst zu atmen. Diese zwei Minuten musst du selbst im größten Stress für dich Zeit haben.

BODYCHECK

Wie geht es dir jetzt gerade im Moment?
Schließe immer wieder in deinem Alltag
ein paar Sekunden die Augen und fühle
in deinen Körper. Frage dich: Wie bin ich
jetzt im Augenblick gerade präsent? Wie
geht es mir wirklich? Was fühle ich gerade?
Indem du immer wieder kurz Kontakt zu
deinem Körper herstellst und dich für dich
selbst interessierst, schenkst du dir selbst
Aufmerksamkeit und gibst dir Raum. Du
nimmst dich ernst und bist achtsam mit dir,
das wird dein Körper dir danken.

SPÜR DEN BODEN

Vergewissere dich immer wieder, dass
dich der Boden unter dir trägt. Er gibt dir
auch dann Sicherheit und Halt, wenn du
das Gefühl hast, dir wird der Boden unter
den Füßen weggerissen. Schließe für
einen Moment deine Augen, halte inne
und mach dir bewusst, dass du getragen
wirst. Verbinde dich kurz mit der Erde
und spüre auch die Erdung deines Körpers. Du kannst auch versuchen, Last an
den Boden abzugeben.

Dein Selbst

VON SELBSTANNAHME UND ANDEREN
SELBSTEXKURSIONEN

Selbstannahme, was für ein komisches Wort. Ist es nicht total selbstverständlich, dass wir uns selbst so annehmen, wie wir sind? Leichter gesagt als getan. Kannst du dich selbst annehmen? Mit allem, was da in dir ist? Mit allen Zweifeln und kleinen Makeln? Mit all den Dingen, die du gerne an dir ändern würdest? Ich glaube, dass genau da der Kern liegt. Natürlich kann ich mich in meinem Lieblingskleid, frisch geduscht und geschminkt vor dem Spiegel anschauen und sagen: »Geil siehst du aus!« Das ist vielleicht gar keine Kunst. Doch wie sieht es in den Momenten aus, in denen du dir eigentlich zu viel bist? In denen die Seiten an dir, die du nicht magst, einfach immer mehr überwiegen? Ich weiß, wie schwer es ist, aus diesem Strudel rauszukommen. Doch lass uns das in kleinen Schritten angehen.

Niemand sagt, dass du morgen früh aufwachen sollst und dich ab sofort so liebst, wie du bist. Mit allen Narben und Speckröllchen, mit allen Zweifeln und Ängsten. Ich glaube, das ist schier unmöglich, und ehrlich gesagt, würde es mich auch ein wenig beängstigen, wenn sich so schnell mein ganzes Leben anders anfühlen würde. Doch die Kunst der Veränderung liegt ja in den kleinen Schritten.

VERÄNDERUNG DARF
LANGSAM PASSIEREN.

Wie wäre es, wenn du für heute entscheidest, dass du mit dir selbst im Frieden bist? Einfach mal für eine Stunde?

Wenn du deinem Körper heute mal für das dankst, was er kann, und ihn nicht für das bewertest, wie er aussieht? Wie wäre es, wenn du heute mal in den Spiegel schaust und die Dinge an dir betrachtest, die du gut findest? Wie wäre es, wenn du anfängst, dich für das zu lieben, was du bist, und nicht für das, was du sein möchtest?

DU HAST NUR DIESEN
EINEN KÖRPER IN DIESEM
EINEN LEBEN.

Und ganz im Ernst, möchtest du mit 80 Jahren auf dein Leben zurückblicken und dich an all diese inneren Kämpfe wegen deines Aussehens erinnern? Möchtest du rückwirkend über dich sagen, dass du einen Großteil deines Lebens mit Zweifeln verbracht hast? Damit, dich mit anderen zu vergleichen? Oder möchtest du auf dein Leben schauen und dich in Dankbarkeit und Fülle an die wirklich wertvollen Momente erinnern? Wie wäre es, wenn du dich dafür entscheidest, dass deine Sehnsüchte und Wünsche dich groß machen dürfen und du dich für genau diese Dinge wirklich selbst liebst? Wobei – lass uns noch nicht von lieben sprechen, lass uns erst einmal beim Annehmen bleiben. Das Schöne an unserem Gehirn ist, dass wir Dinge schnell lernen und daraus in Windeseile eine Gewohnheit werden kann. Alles, was du 21 Tage lang tust, wird Routine. Und alles, was Routine ist, braucht keinen großen Extraaufwand.

Stelle dich jeden Tag vor den Spiegel. Vielleicht bist du dabei anfangs noch dick eingekuschelt. Lasse die Hüllen vor dir selbst fallen. Schritt für Schritt, in deinem Tempo. Sage dir laut: »Ich liebe dich« oder »Danke, dass es dich gibt«. Ich möchte dir gar keinen Satz vorschreiben, vielleicht ist es für dich auch stimmiger, dabei ein bestimmtes Lied zu hören, das ein schönes Gefühl in dir auslöst. Oder du möchtest es einfach nur in Stille versuchen. Vielleicht findest du deinen ganz eigenen Impuls, der sich für dich richtig anfühlt. Du kannst es immer mehr steigern, ganz wie du möchtest. Du kannst es im Sitzen oder Stehen machen, dir dabei selbst in die Augen schauen oder dich berühren. Du kannst dich bewegen oder einfach still stehen. Du kannst es nackt oder mit Kleidung tun. Du wirst selbst rausfinden, wie neugierig du auf dich wirst.

Am schwersten ist es mir gefallen, mich in meiner Verletzlichkeit anzunehmen. Mich auch dafür zu lieben, dass ich manchmal weine und aufgeben will. Es hat mich wahnsinnig gemacht, dass ich immer alles so unglaublich persönlich nehmen muss. Ich habe mich darüber geärgert, dass ich in allem und jedem nur das Beste gesehen habe und dabei so oft enttäuscht wurde! Manchmal komme ich immer noch in Situationen, in denen ich mir denke: Ach nein, das mag ich nicht an mir! Es fällt mir schwer, mich gerade so anzunehmen, mit meinem Stolz oder meiner Wut. Oder es ist superschwer, mir selbst einzugestehen, dass man nicht der Mittelpunkt des Universums ist und nicht alles, was Men-

schen tun oder sagen, etwas mit mir zu tun haben muss. Ja, manchmal, da gibt es Tage, an denen können wir nicht viel mit uns selbst anfangen. Und genau in diesen Momenten habe ich ein Mantra für dich, das mein Leben verändert hat.

ICH LEGE MEINE HAND AUF MEIN SCHLÜSSEL-BEIN. LASS MICH EINMAL TIEF DURCHATMEN UND SAGE MIR: »JA, SO BIN ICH AUCH.«

Ja, vielleicht ist das gerade ein Anteil von mir, der mich nicht von meiner besten Seite zeigt.
Ja, vielleicht ärgere ich mich gerade über meinen Perfektionismus, weil er mich schon wieder daran hindert, endlich anzufangen.
Ja, vielleicht mag ich es nicht, dass ich seit Tagen schon wieder so teilnahmslos bin.
Ja, vielleicht kotzt es mich richtig an, dass ich mir seit Tagen vornehme, endlich joggen zu gehen, und schon wieder verschlafen habe.

Ja, dann bin ich so halt auch. Dann ist das eben auch ein Teil von mir, der genauso zu mir gehört wie all die anderen Anteile. Und er ist genauso liebenswert wie alles, was ich mehr an mir mag. Vielleicht kann ich es einfach nicht besser. Vielleicht kann ich es für heute einfach mal annehmen, dass ich nicht perfekt bin.
Ja, so bin ich auch. Ja, dieser Teil gehört auch zu mir. Und ich bin dankbar, dass er mir mein Entwicklungspotential zeigt.

Da du jetzt schon viel über Selbstliebe gelesen hast, möchte ich mit dir eine Ebene tiefer gehen. Lass uns das Ganze noch etwas genauer betrachten.

NICHT DAS, WAS DU NICHT HAST,
SONDERN DAS, WAS DU DENKST,
DASS DU BRAUCHST, HINDERT DICH DARAN,
DEIN BESTES LEBEN ZU FÜHREN.

SELBSTBEWUSSTSEIN

Dieses schöne Wort setzt sich aus den Worten »Selbst« und »Bewusstsein« zusammen und sagt genau das aus, um was es auch geht. Wie bewusst bist du dir über dich selbst? Weißt du eigentlich, wer du bist? Und vor allem, wie du bist? Bist du dir bewusst über deine Werte und Talente? Weißt du, was du kannst und was du nicht kannst?

SELBSTAKZEPTANZ

Kannst du dich so akzeptieren, wie du wirklich bist? Und wenn das nicht vollständig möglich ist, was fällt dir schwer, an dir selbst zu akzeptieren? Weißt du auch, woran das liegt? Lebst du auch die Seiten an dir aus, die dir eher fremd sind? Also nutzt du deine gesamte emotionale Schwingungsfähigkeit aus? Oder versteckst du manche Anteile von dir vielleicht unbewusst? Vergleichst du dich beispielsweise gern mit anderen? Wenn ja, was ist dein Maßstab? An wem misst du dich? An dir selbst oder an anderen?

SELBSTANERKENNUNG

Wie sieht es mit deiner Selbstanerkennung aus? Siehst du deine Erfolge und die Dinge, die du leistest? Und traust du dich auch, das nach außen zu zeigen? Belohnst du dich für das, was du erreicht hast, und lobst du dich selbst auch regelmäßig? Erkennst du dich genau so an, wie du wirklich bist?

SELBSTACHTUNG

Wie hoch ist deine Achtung vor dir selbst? Achtest du vor allem auch deine eigenen Grenzen? Bist du dir über deine Grenzen bewusst und darüber, wie andere mit deinen Grenzen umgehen?

SELBSTWERTSCHÄTZUNG

Kannst du deinen eigenen Wert schätzen? Erkennst du deinen eigenen Wert auch vollständig an? Wie viel bist du dir selbst wert? Du bist ein Geschenk für die Welt! Kannst du dir diesen Satz selbst sagen und es auch so annehmen?

SELBSTFÜRSORGE

Wie behandelst du dich selbst? Wie gehst du mit dir um? Wie sprichst du mit dir selbst? Wie behandelst du deinen Körper? Wie kümmerst du dich um dich selbst, wenn es dir einmal nicht gut geht? Behandelst du dich so, wie du deine beste Freundin behandeln würdest?

SELBSTWAHRNEHMUNG

Wie nimmst du dich selbst wahr? Und wie möchtest du von anderen wahrgenommen werden? Was nimmst du vor allem an dir selbst wahr? Wie ist dein Selbstbild? Und bist du dir darüber bewusst, was du ausstrahlen möchtest?

SELBSTVERTRAUEN

Vertraust du dir selbst? Vertraust du auf deine Impulse und deinen Körper? Vertraust du anderen oder dem Leben? Und hast du Zuversicht in das, was du tust? Fällt es dir schwer, zu vertrauen, und weißt du auch, woher das kommt? Hast du viel Selbstvertrauen und weißt, wer dir das vorgelebt hat?

SELBSTVERANTWORTUNG

Wie oft übernimmst du für dich selbst Verantwortung? Oder siehst du dich immer wieder als Opfer deiner Umstände? Übernimmst du bewusst Verantwortung für deine Situation? Egal wie schwer und unangenehm sie auch ist? Fühlst du dich für dich selbst verantwortlich?

Was sind deine
WERTE?

Unterstreiche die 15 Werte, die dir am wichtigsten sind. Kreise davon fünf Werte ein, die deinen besonderen Fokus haben. Nach welchen Werten lebst du? Was ist dir wichtig? Bedenke: Wir fühlen uns schnell mit anderen Menschen verbunden, die die gleichen Werte anstreben, die wir selbst leben.

AUFRICHTIGKEIT	EHRE
BALANCE	EINFACHHEIT
HOFFNUNG	SELBSTSTÄNDIGKEIT
VERTRAUEN	WOHLSTAND
SICHERHEIT	TREUE
MITGEFÜHL	TOLERANZ
AUTHENTIZITÄT	SELBSTGENÜGSAMKEIT
BEWUSSTSEINSERWEITERUNG	TRANSPARENZ
DANKBARKEIT	LEBENDIGKEIT
HILFSBEREITSCHAFT	FAMILIE
INDIVIDUALISMUS	BESCHEIDENHEIT
WISSEN	STABILITÄT
KREATIVITÄT	ERFOLG
WERTSCHÄTZUNG	EHRLICHKEIT
LOYALITÄT	INSPIRATION
DEMUT	PHANTASIE

REIFE

SPIRITUALITÄT

KONFLIKTFÄHIGKEIT

FREIHEIT

VERANTWORTUNG

ACHTSAMKEIT

MACHT

MEINUNGSFREIHEIT

INUITION

GERECHTIGKEIT

FLEXIBILITÄT

FREUNDSCHAFT

AKZEPTANZ

LIEBE

BEWUSSTHEIT

DISKRETION

BILDUNG

WÜRDE

ZUFRIEDENHEIT

WEISHEIT

BEQUEMLICHKEIT

NÄHE

GELASSENHEIT

HERAUSFORDERUNG

GROSSZÜGIGKEIT

HARMONIE

WEITSICHT

ÄSTHETIK

OPTIMISMUS

MINIMALISMUS

PARTNERSCHAFT

ORDNUNG

MUT

DISZIPLIN

NACHHALTIGKEIT

GESELLIGKEIT

HERAUSFORDERUNG

GÜTE

LEIDENSCHAFT

FLEISS

ENTSCHLOSSENHEIT

GEHORSAMKEIT

NÄCHSTENLIEBE

KÖRPERLICHKEIT

KONTROLLE

GEMEINSCHAFT

BELIEBTHEIT

ZIELSTREBIGKEIT

WANN UND WO LEBST DU DIESE WERTE?

NIMM DIR HEUTE EINE HALBE STUNDE ZEIT, EINEN DEINER WERTE MIT LEBEN ZU FÜLLEN. FÜR WELCHEN WERT ENTSCHEIDEST DU DICH UND WAS KONKRET TUST DU?

Die schönsten Geschichten
beginnen mit Mut.

Podcastfolge:
Warum es so wichtig ist,
deinen eigenen Wert zu kennen

Du bist ein Wunder

WENN DU DICH KURZ MAL WIEDER VERGEWISSERN MUSST, WIE WUNDERVOLL DU BIST

DEIN KÖRPER ARBEITET MIT DIR

Wann immer du dich wertlos und traurig fühlst, vergewissere dich: Gerade in diesem Moment kümmern sich Millionen von Zellen darum, dass es dir gut geht. Dein Körper arbeitet mit dir, nicht gegen dich.

DEIN KLEINER FINGER

macht 50% der Kraft in deiner Hand aus. Balle deine Hand zu einer Faust und du wirst merken, wie wichtig dieser kleine Bereich deines Körpers ist. Wie oft legst du deinen Fokus auf die kleinen Dinge im Leben?

LACH DOCH MAL!

Sobald du die Mundwinkel nach oben ziehst, schüttet das Gehirn Endorphine aus – Glückshormone. Das reduziert nicht nur Stress, sondern hat auch eine entspannende Wirkung auf deine Seele! Vergiss nicht, dir immer wieder selbst ein Lächeln zu schenken.

GÄNSEHAUT

Ist die größte Spannung, die dein Körper halten kann. Wir können Gänsehaut nicht immitieren, nicht künstlich erzeugen. Länger als 20 Sekunden ist es kaum möglich, diese Spannung im Körper zu halten. Wann immer du Gänsehaut hast: Dein Gefühl stimmt!

NICHT MEHR OHNE DICH!

Dein großer Zeh spielt eine große Rolle für dein Gleichgewicht! Wann hast du dir das letzte Mal Zeit genommen, ihm genau dafür zu danken?

DEIN HERZ IST EIN WUNDER

Bis zu 70 Mal in der Minute, bis zu 100.000 Mal am Tag schlägt dein Herz, der wichtigste Muskel in deinem Körper. Dabei befördert es fünf Liter Blut pro Minute durch den Körper, wodurch die Organe – vor allem das Gehirn – mit lebenswichtigem Sauerstoff versorgt werden. Wie oft sagst du deinem Herz Danke?

ERNEUERE DICH!

Fast ohne dass wir es merken, erneuert sich unsere oberste Hautschicht fast alle 28 Tage komplett. Damit sind wir im Alter von 55 Jahren ganze 700 Mal in eine neue Haut geschlüpft.

LIEBE DEINE TRÄNEN

All deine Tränen sind unterschiedlich, je nachdem, ob sie aus Traurigkeit, Glück oder einer Reaktion wie Wind entstehen. Betrachtest du sie unter einem Mikroskop, sehen sie unterschiedlich aus. Übrigens weinen wir im Laufe eines Lebens durchschnittlich etwa 80 Liter. Das ist eine knappe Badewanne voll mit Tränen!

Podcastfolge:
Gesundheit & Bewusstsein
im Gespräch mit
personal Fitnesstrainer André Siess

Gefühle können überfordern, wer kennt das nicht? Eigentlich hast du es dir in deinem Leben gerade bequem gemacht, alles läuft, du bist irgendwie ganz »zufrieden«. Nicht wirklich glücklich, aber zufrieden. Und dann kommt plötzlich dieser Schauer. Diese unberechenbare Kälte, die sich langsam in deinem Brustkorb, um dein Herz herum, ausbreitet. Ein Gefühl, das uns überfordert. Doch was ist dieser Schauer, der eine Art Mangel in uns auslöst? Ich denke, das hat mit Sehnsucht zu tun. Eigentlich sehnen wir uns danach, Sicherheit und Schutz zu erfahren. Eigentlich wollen wir uns einlassen und anvertrauen. Doch die Kraft, mit der uns Gefühle immer wieder einholen kön-nen, ist manchmal so bedrohlich, dass wir Angst haben, sie zuzulassen. Gefühle scheinen manchmal wie ein undurch-dringbarer Wald, mit viel Gestrüpp und verwachsenen Stellen. Mit hohen Bäumen und tiefen, sumpfigen Gegensätzen. An-statt uns durchzukämpfen und ein paar Kratzer zu riskieren, wählen wir lieber den Schotterweg außenrum.

Wir vermeiden Gefühle. Wir drücken sie weg. Denn das ist manchmal viel einfa-cher, als sie zuzulassen und auszuhalten. Denken wir!

Wenn wir in eine Vermeidungstategie rut-schen, dann richtet sich unser Leben da-

Was sich nicht ausdrückt, drückt sich ein.

VOM VERDRÄNGEN UND ANDEREN INTELLIGENTEN VERMEIDUNGSSTRATEGIEN

nach aus, nicht verletzt zu werden. Und da du mich jetzt ja schon ein wenig kennst, ist mein erster Schritt wie immer zu sagen: Danke, lieber Körper, dass du so gut auf mich aufpasst und solche intelligenten Lösungen für mich bereithälst.

Denn Schmerz zu vermeiden, ist ja gar nicht so schlecht, wenn man mal rational darüber nachdenkt. Was allerdings schlecht ist, ist, wenn es zur Gewohnheit wird. Ich kann davon wirklich ein Lied singen. Denn der Satz meines Lebens war bis vor ein paar Jahren: »Ach komm, so schlimm ist es auch nicht.« Eine super Methode, schwierige Gefühle wegzudrängen, ist sicherlich das Vergleichen. Wir

vergleichen unseren Schmerz mit dem von anderen und da können wir ja nur verlieren! Was, mein Papa ist gestorben? Ach komm, manche Menschen verlieren ihre gesamte Familie bei einem Autounfall, ich hatte wenigstens 22 tolle Jahre mit ihm. Das ist übrigens einer der Momente, in dem mir Gänsehaut über den Rücken läuft, weil ich feststelle, dass ich wirklich schon sechs Jahre ohne meinen Papa lebe. Manchmal bekomme ich fast ein bisschen ein schlechtes Gewissen, dass ich mein Leben ohne ihn gut auf die Reihe bekomme, obwohl ich doch früher immer dachte, dass alles auseinanderbricht, wenn er nicht mehr da ist. Siehst du – Vermeidungsstrategie. Ich könnte mich jetzt auch hinsetzen und das Gefühl des Vermissen einfach mal zulassen, doch ich flüchte mich in den Kopf und rede mir schlechte Gefühle ein, anstatt es einfach zu genießen, dass er sich immer wieder in meinem Alltag in meinen Kopf schleicht.

Zurück zum Thema! Vergleichen ist super-uncool, denn damit lässt sich ungefähr alles an Gefühlen wegreden, wenn man die Situationen und Lebensumstände in anderen Regionen der Welt mitbekommt. Da herrscht Krieg, es regiert Macht, Un-terdrückung, Menschen sterben qualvoll, verhungern. Ganz ehrlich – da ist jedes unserer Probleme eine Kleinigkeit. Natür-lich ist es manchmal sinnvoll, sich bewusst zu machen, dass wir ein Teil des Ganzen sind und dass unsere Probleme im Ver-gleich zu anderen nicht so mächtig sind, wie wir manchmal denken. Aber es bringt uns auch nur kurzfristig Frieden!

Eine supergute Möglichkeit zu verdrän-gen, ist definitiv die Ablenkung. Raus-kommen, Menschen treffen, Abenteuer erleben und ins Handeln kommen. Das sind meine Lieblingsvermeidungsstrate-gien. Denn davon hast du am Ende des Tages wenigstens was. Natürlich muss es auch mal ein Netflixtag sein oder lange, schmollende Morgende im Bett. Aber im Großen und Ganzen ist Aktionismus eine gute Wahl! Wenn er sich in Grenzen hält! Mein Aktionismus hat sich nach dem Tod von meinem Papa ins Unermessliche ge-steigert. Frisch in der Selbstständigkeit habe ich mir alles an Arbeit reingezogen, was ging. Als Fotografin begleitete ich Hunderte Hochzeiten, entwickelte Logos, traf Kunden, plante Hochzeiten ... Es war immer was los. Und das war in einem ge-wissen Maß auch sinnvoll! Und genau da liegt auch der Knackpunkt. In Maßen ist alles sinnvoll.

Doch wenn wir etwas erlebt haben, was uns emotional überfordert hat, neigen wir oft dazu, die Gefühle zu vermeiden, indem wir unsere Emotionen abstellen und versuchen uns zu flüchten. Bevor ich den Schmerz noch mal fühle, fühle ich lieber gar nichts! Und dann fährt unser Körper ganz interessante Sachen auf. Es gibt den Zustand der inneren Leere, in dem wir einfach gar nichts fühlen können. Nach dem Tod von meinem Papa konnte ich fast zwei Jahre nicht weinen. Ich war einfach nur leer und taub, da war nicht mal das Gefühl von Trauer. Doch es kam das Gefühl von Trauer um die Trauer, weil der Kopf sich ja wieder einschaltet, sofort bewertet und sagt: Ey, nicht trauern, das geht gar nicht!

Viele von uns fallen auch in den Schock. Ein Gefühl nimmt überhand, lähmt uns und macht uns komplett handlungsun-fähig. Auch die Opferrolle ist in gewisser Weise eine Vermeidung. Du siehst schon, wir haben ein sehr großes Facettenreich-tum, wenn es um Vermeiden geht!

WIR ENTWICKELN VERMEIDUNGSSTRATEGIEN GEGEN GEFÜHLE UND BEDÜRFNISSE UND WOLLEN EIGENTLICH NUR EINS: INNEREN FRIEDEN.

Du kannst ja mal für dich selbst überprü-fen, was du dir so einfallen lässt, um nicht fühlen zu müssen.

Meine Lieblingstherapeutin erklärte mir all das mal in einem sehr interessanten Satz: »Alles, was sich nicht ausdrückt, drückt sich ein.« Und das ist das große Problem bei der Verdrängung! Wir denken, wir drücken die Gefühle, die wir nicht fühlen wollen, weg, doch dabei drücken wir sie nur an einen Ort, an dem wir sie weniger wahrnehmen. Und früher oder später äußert sich das in körperlichen Symptomen.

Erst sehr spät begriff ich, dass meine Herzmuskelentzündung ein Zeichen von kompletter Überforderung war. Ich meine, überlege dir mal, dein Herzmuskel ist entzündet. Es »zündet« sich etwas in dir. Und zwar dein wichtigster Muskel überhaupt! Reichen da wirklich ein bisschen Antibiotika, um das Ganze wieder in den Griff zu bekommen?

MEIN LEBEN LANG HATTE ICH IMMER ANGST, DASS EINE ART VON SCHMERZ AUS MIR RAUSKOMMT, DEN ICH NICHT HALTEN KANN.

Ich hatte Angst, in meiner Sehnsucht zusammenzubrechen. Wie ein Fass, das keinen Boden mehr hat. Wie ein Luftballon, den man erst auf die doppelte Größe aufbläst und dann einfach die Luft rauslässt. Ich hatte Angst vor dem Knall, Angst vor der Überforderung, Angst vor Kontrollverlust. Doch was sich mit der Zeit zeigte, war eigentlich das Gegenteil. An meinen Schmerz und meine Angst zu kommen, erforderte so viel Arbeit. Meine Ablenkungsversuche und all meine Systeme, die ich mir außenherum gebaut hatte, funktionierten so gut, dass es ein wirklicher Kampf war, dahinter zu kommen. Doch das war zwangsläufig unumgehbar, da mein Körper einen Weg gefunden hatte, sich auszudrücken.

Ich erkannte, dass das ein Ende haben musste. Das, was da in mir schlummerte, durfte nach außen kommen. Mein Körper fuhr alles an Symptomen auf und ich entschied, ein zweites Mal 10 Wochen stationär in die Klinik zu gehen und mich auf den großen Knall vorzubereiten. Der große Knall kam aber nicht. Es war kein Knall, es war kein Moment, in dem plötzlich alles da war. Das alles sickerte in Zeitlupe vor sich hin, wie ein undichter Wasserhahn. Denn wenn wegschauen so lange gut funktioniert hat, ist hinschauen plötzlich doppelt so schwer.

Ganz allgemein kann ich dir sagen: Jeder Bauchschmerz, jedes Rückenleiden, jeder Hautausschlag, Schwindel oder andere Symptome sind eine Art und Weise deines Körpers, dir mitzuteilen, dass in dir etwas schlummert, was gesehen werden will. Denn Symptome sind Gefühle. Früher oder später findet der Körper immer eine Möglichkeit, sich auszudrücken. Wir lesen die Zeichen nur nicht immer sofort. Rennen von Arzt zu Arzt und betäuben uns. Wir lassen Schmerz wegspritzen, schlucken Tabletten oder schmieren uns mit Cortison ein, um das Symptom zu bekämpfen. Doch dabei sollte man nicht vergessen, das Symptom zu behandeln hat nichts mit der Ursachenbekämpfung zu tun. Und die Ursache dazu ist in dir entstanden. Die Art und Weise, wie deutlich mein Körper mit mir kommuniziert, ist heute meine größte Stärke, früher war es meine größte Bedrohung. Ich hatte Angst. Angst, genauer hinzuschauen.

Doch mach dir Folgendes bewusst: Alles, was du verdrängst, sitzt in dir. Du musst keine Angst haben, dass es dich überfordert, wenn es sich zeigt. Es sitzt schon die ganze Zeit dicht an deinem Herzen. Oft sagen mir Teilnehmer meiner Seminare: »Ich hab Angst, dass da alles hochkommt«, und meine Antwort ist nur: »Du trägst es doch eh schon jede Minute deines Körpers mit dir rum.« Und das ist so typisch Mensch. Wir haben Angst vor den Gefühlen, die direkt in unserem Herzen sitzen.

Manchmal ist wegrennen wichtig und das Beste, was du für dich tun kannst. Dann lass es auch zu. Fahr irgendwo raus auf eine Wiese und renne los. Renne so schnell du kannst. Und wenn du willst, dann schreie so laut du kannst. Meine beiden Hände reichen nicht aus, um Situationen aufzuzählen, in denen Spaziergänger oder Fahrradfahrer gedacht haben, ich wäre geisteskrank und durchgedreht, weil ich mitten im Wald stand und alles aus mir rausgelassen haben. Aber hey, geisteskrank werden die, die alles immer weiter runterschlucken und eben nichts aus sich rauslassen. Alles, was einen Weg findet, um aus dir rauszukommen, wird deine Seele und dein Herz erleichtern.

Wegrennen ist okay. Wegrennen muss manchmal sein. Und rauslassen wird auch irgendwann sein müssen.

Und irgendwann wird der Moment kommen, an dem du der Sache ins Auge blicken kannst. Setze dich nicht unter Druck. Manchmal müssen wir nur ganz kleine Stellschrauben verändern, um mal einen genaueren Blick zu riskieren. Mach dir das System bewusst, das du um dich rum aufgebaut hast. Sei ehrlich zu dir selbst und traue dich, mal genauer hinzuschauen. Und auch wenn es im ersten Moment erscheint, als würde es schlimmer werden, langfristig gesehen wirst du vor allem ehrlicher zu dir selbst. Und das fühlt sich in den meisten Fällen doch leichter an, oder?

Die Gefühle, die wir vermeiden, liegen im Normalfall in den Bereichen, in denen unser Entwicklungspotential am größten ist. Das erkennen wir anfangs nur nicht. Es fühlt sich an wie ein Kampf, den wir gegen unseren eigenen Körper führen. Denn wir versuchen uns immer wieder ablenken zu lassen. Doch wir müssen erkennen: Seele und Körper, das ist eins. Es gibt keine Trennung, keine Grenze. Die Zeichen, die unser Körper uns sendet, sind wichtig. Sie sind unsere Schlüssel. Und darum ist es wichtig, immer wieder hinzufühlen, was er uns eigentlich sagen will.

Nichts in unserem Körper passiert ohne Grund. Nichts passiert »einfach so«. Lerne die Sprache deines Körpers zu verstehen. Lerne, Gefühle auszudrücken, nicht einzudrücken.

ICH LASS ES RAUS

Schreibe all deine Gefühle auf einen Zettel und verbrenne ihn. Lass die Asche einfach frei, das Universum kümmert sich für dich darum.

Suche dir Steine im Wald und gib in jeden Stein ein Gefühl, das du nicht mehr mit dir rumtragen willst. Und dann vergrabe sie, oder wirf sie ins Wasser. Lass sie frei, gib ihnen einen neuen Platz.

Renn einfach los. Renne so schnell du kannst, lass alles hinter dir. Schüttle es von dir ab. Hüpfe, springe, mach dich frei von altem Ballast. Und wenn du schreien willst: Ja dann schrei doch!!

WORAN MERKST DU, DASS DU VERDRÄNGST?

Für diese Frage brauchst du etwas Zeit und viel Mut. Spüre ganz tief in dich hinein und versuche herauszufinden, was du in dieser Situation wirklich fühlst. Es kann eine körperliche oder eine seelische Reaktion sein.

WIE KOMMST DU VOM VERDRÄNGEN WIEDER ZURÜCK IN DEINE SELBSTVERANTWORTUNG? WAS HILFT DIR DABEI?

Komm in Bewegung

WIE DU DEINE INNEREN BEWEGUNGEN ÄUSSERLICH AUSDRÜCKEN KANNST

MUSIK AN UND TANZEN!

Mein Geheimtipp für alle Blockaden, Gefühle und inneren Unruhen: Musik an, Augen zu und einfach tanzen! Dabei geht es nicht darum, gut auszusehen, sondern es geht darum, dich zu spüren und deinen Körper frei von allen Zwängen in Bewegung zu bringen. Denn wenn wir den Zustand des Stillstands verlassen, bewegt sich alles um uns herum mit. Dreh deine Gute-Laune-Playlist auf, tanze in den Morgen oder lege dich einfach still auf den Boden und lausche Klaviermusik. Hier kannst du dich sanft schwingen, streicheln und halten. Probier es doch einfach mal aus!

DEIN BECKEN BEWEGEN

Dein Becken ist deine Körpermitte, das Zentrum für Weiblichkeit, Sexualität und Intuition. Im Alltag kannst du immer wieder kreisende Bewegungen in dein Becken bringen oder es bewusst von vorne nach hinten kippen. Das verhindert Verspannungen, macht dich beweglicher und zentriert dich immer wieder mittig. Erlaube dir ruhig, ein wenig in dir selbst zu versinken.

WIEGE DICH SELBST

Für mich war es sehr heilend, mich den ganzen Tag immer zu wiegen, mich sanft hin- und herzuschaukeln, mich locker zu machen. Wann immer ich warten muss, in einem Aufzug stehe oder aus anderen Gründen kurz ein wenig Wartezeit habe: Ich lege mir ein Lächeln auf die Lippen und wiege mich selbst. Manchmal so sanft, dass es von außen gar nicht sichtbar ist.

SING SO LAUT DU KANNST

Wann immer sich die Gelegenheit bietet: Singe! Singen entspannt deine Gesichtsmuskeln, hebt deine Stimmung und lässt dich für einen Moment den Alltag vergessen!

KLEINE BEWEGUNGEN FINDEN

Vielleicht muss es auch nicht immer eine große Bewegung sein, sondern es hilft dir, ganz kleine Bereiche in deinem Körper zu spüren. Vielleicht ist es ein Zeh, der sich immer wieder anwinkelt, vielleicht ist es deine Fingerspitze, die sanft über deinen Handrücken streicht. Manchmal ist es hilfreich, die Bewegung in minimalsten Nuancen wahrzunehmen.

Podcastfolge:
Selbstfürsorge im Alltag

Dein Inneres Kind

VON SCHUTZ, LIEBE UND INNERER HEILUNG

Vielleicht hast du schon einmal vom Inneren Kind gelesen, vielleicht ist es auch das erste Mal, dass du diesen Begriff hörst. Es ist ein sehr tiefes und wichtiges Thema, über das alleine ich vermutlich schon ein ganzes Buch schreiben könnte. In diesem Kapitel möchte ich dir einen ersten Einblick geben und dir zeigen, was du tun kannst, um Kontakt mit deinem Inneren Kind aufzunehmen.

Das Innere Kind ist eine Art Metapher für deine Erfahrungen, die du in der Kindheit gemacht hast. Es geht quasi darum, deine Vergangenheit zu betrachten und zu verstehen, warum du so bist, wie du bist, und vor allem, warum deine Reaktionen auch heute noch, als erwachsener Mensch, dir vielleicht manchmal willkürlich erscheinen und dich verunsichern. Es ist eine Art und Weise, dich zu reflektieren und zu verstehen. Vieles, was früher passiert ist, ist unbewusst passiert. Viele, vielleicht auch prägende Erfahrungen haben wir als Verletzungen abgespeichert. Symbolisch gesehen geht es darum, Kontakt zu diesen inneren Verletzungen aufzunehmen und sich liebevoll um sie zu kümmern. Unser »innerer Erwachsener« nimmt dabei ganz fürsorglich Kontakt zu dem Inneren Kind auf.

In meiner Geschichte war die Arbeit mit meinem Inneren Kind das Heilsamste und Intensivste, was ich je gemacht habe. Es war definitiv mein Schlüssel zu tiefer und ehrlicher Selbstannahme, zu Vergebung und zu wirklichem Frieden mit meinen inneren Kritikern.

Unsere Persönlichkeit teilt sich in viele verschiedene Rollen auf. Wir sind Tochter, Freundin, Schwester, vielleicht Mutter, wir sind Angestellte oder Vorgesetzte, wir sind die Laute und die Leise. Wir sind alles. Und so sind wir auch Kind und Erwachsener. Oftmals bewerten wir uns für die verschiedenen Rollen, in denen wir leben, dabei ist es so wichtig, das Potential der einzelnen Bereiche zu sehen. Wie schön ist es, dass sich unsere Persönlichkeit so facettenreich zeigen darf? Unser Leben wäre langweilig, wenn wir immer nur einen Bereich bedienen dürften. Wir be- und entwerten uns viel zu oft selbst und sagen Dinge wie »Ich bin da gar nicht ich selbst«. Doch, bist du auch. Du zeigst nur eine andere Seite von dir. Und das ist so, so wichtig zu verstehen.
Denn viele von unseren Rollen sind tief in unserem Unterbewusstsein verankert, manchmal merken wir im Alltag gar nicht, wie wir zwischen ihnen wechseln.

Die Erfahrungen unserer Kindheit haben uns stark geprägt und beeinflussen uns im heutigen Alltag immer noch. Das bedeutet nicht, dass unsere Kindheit schlecht gewesen sein muss. Für mich war das der schwierigste Part der Therapie. »Dem Inneren Kind Heilung für seine Verletzungen geben« klang für mich, als hätten meine Eltern mich mutwillig verletzt und vernachlässigt, und ich müsste mich jetzt nachträglich retten. Das wollte ich nicht! Darum geht es aber auch nicht. Es geht nicht darum, dass deine Eltern Schuld an irgendetwas haben. Bei der Arbeit mit dem Inneren Kind geht es nicht um Schuld, es ist eine Hilfestellung. Denn als Kind haben wir nicht die geistige Reife gehabt, Erlebnisse rational zu verstehen. Wir konnten nur emotional reagieren. Diese Arbeit ist entsprechend ressourcenorientiert und arbeitet vor allem damit, uns nachträglich zu nähren, anstatt die Schuld jemand anderem zuzuweisen.

Je verletzter das Innere Kind ist, desto einsamer, verlassener und überforderter es sich fühlt, umso stärker ist auch sein unbewusster Einfluss auf das Erwachsenendasein. Das sind die Momente, in denen du das Gefühl hast, es zerreißt dich innerlich. Wenn du merkst, dass irgendwas in dir schreit und keine Ruhe findet. Bei mir hat sich das in einem unglaublichen Schwindel und einem inneren Druck gezeigt, was ich nie verstanden habe. Mein Inneres Kind hat sich durch Zittern bemerkbar gemacht. Es gab auch viele Situationen, in denen Außenstehende zu mir sagten »Mann, du bist so eine Tolle, was du alles kannst«, und in mir drin der Impuls kam, ihnen ins Gesicht zu springen und zu sagen: »Ey, siehst du eigentlich nicht, wie scheiße es mir wirklich geht?«

Wer als Kind wenig Liebe und Aufmerksamkeit, doch dafür viel Schmerz, Zurückweisung oder sogar Missbrauch erlebt hat, lehnt sein Inneres Kind unbewusst ab. Das ist eine Art Schutzmechanismus des Körpers. Die schmerzhaften Erfahrungen werden von uns bewusst oder unterbewusst verdrängt, damit wir sie nicht noch einmal fühlen müssen.

Wir alle haben ein Trauma! Wann beginnt ein Trauma, und wann endet es? Vielleicht war es schon traumatisierend für dich, dass deine Eltern dir nicht immer die Aufmerksamkeit gegeben haben, die du gebraucht hast, oder deine Oma andere Enkel bevorzugt behandelt hat. Vielleicht war es in der Realität auch gar nicht so, aber du hast es so wahrgenommen. In deiner Ansicht hast du einen Mangel erfahren. Und schon ist es da, das Trauma, die Blockade und das Hindernis. Wenn wir anfangen, uns mit Persönlichkeitsentwicklung zu beschäftigen, oder gar eine Therapie beginnen, kommen wir nicht darum herum, uns mit den Mängeln unserer Kindheit zu beschäftigen. Und sobald dieses Wort »Kindheit« bei uns hochploppt, ist es für viele so ein innerer Schrei. Entweder (und so war es bei mir), weil du eigentlich eine superschöne Kindheit gehabt hast, sehr dankbar für diese Zeit bist und du überhaupt keine Lust hast, deinen Eltern nachträglich für irgendwas die Schuld zu geben oder zu bohren und zu wühlen, um irgendwo einen Grund zu finden.

Oder weil du in diesem Wort die Entschuldigung und das Verständnis für alles bekommst und es sich total befreiend anfühlt, endlich einen Schuldigen für dein Verhalten zu haben. Du kannst ja nichts dafür – deine Eltern haben dich zu dem gemacht, was du bist. Aber Halt! Zum Thema Kindheit gibt es eine ganz wichtige Sache zu sagen:

WENN ICH SAGE, DAS KOMMT AUS DEINER KINDHEIT, DANN MEINE ICH NICHT, DASS DEINE ELTERN ALLES FALSCH GEMACHT HABEN ODER SCHULD DARAN HABEN, DASS DU JETZT SO BIST. ES HEISST LEDIGLICH, DASS DU ZU DEM ZEITPUNKT DER ENTSTEHUNG DIESES GEFÜHLS EIN KIND WARST UND DAMALS DIE DINGE NOCH NICHT SO VERSTEHEN KONNTEST WIE HEUTE.

Heute weißt du, dass die Oma dich nicht weniger geliebt hat, nur weil sie dir das Essen immer nach deinem kleinen Bruder auf den Teller getan hat oder dir weniger Süßes geben hat als deinen Cousinen. Doch damals konntest du das noch nicht wissen. Und deshalb hast du es in gewisser Weise falsch abgespeichert.

Das wiederum heißt nicht, dass du das falsch gemacht hast. Klar – du wusstest es nicht besser. Doch es heißt, dass du eine korrigierende Erfahrung machen darfst und dein Inneres Kind somit in gewisser Weise heilen lassen kannst. Die Innere-Kind-Arbeit kann etwas sehr Befreiendes sein. Sie hilft, sich zu entlasten und ein Gefühl für sich selbst zu bekommen. Und für mich war sie der Schlüssel zu echter Selbstliebe.

Irgendwann kam ich in meinem Leben an dem Punkt an, an dem ich begriff, dass ich mich mit diesen verfälschten Erinnerungen in mir beschäftigen will. Dass ich mir jetzt das geben will, was mir damals gefehlt hat. Ich wollte mir selbst die gute Freundin sein, die für mich da ist. Ich wollte zulassen und nachfühlen, was passiert

ist, ohne noch mal spüren zu müssen, wie sehr es mich verletzt hat.

Es musste eine Möglichkeit geben, den Schmerz beim Namen nennen zu können, ohne ihn dazu wieder in mich selbst einzuladen.

Unsere verdrängten Inneren Kinder entwickeln manchmal ein heftiges und zerstörerisches Eigenleben, wenn wir sie zu lange ignorieren. Deshalb ist es wichtig, sich das Ganze einmal genauer anzuschauen.

Dabei muss man verstehen, dass es nicht nur ein Inneres Kind gibt. Nein, es gibt ganz viele, in völlig unterschiedlichen Altersklassen. Ich habe in meiner Geschichte mit vier auffälligen inneren Kindanteilen gearbeitet. Sie sind alle unterschiedlich alt und kommen aus verschiedenen Lebenssituationen. Lass mich dir von zweien erzählen.

Eine davon war die rebellische Alexandra, die supertoll im Ablenken und Rumhüpfen war. Immer auf der Suche nach Aufmerksamkeit und Anerkennung, sie wollte gemocht werden und ganz tolle

Freundinnen haben. Sie war die, die immer laut wurde, wenn ich versuchte, ein Gefühl runterzuschlucken. Sie hat rebelliert. Manchmal fühlte es sich fast so an, als hätte sie gegen die Wände getrommelt und rumgeschrien in einem richtig verzweifelten pubertären Anfall!

Als ich mich ihr langsam annäherte, sah ich erst, dass in der Ecke dieses inneren Raumes noch eine zweite kleine Alexandra saß. Ich erkannte ihr Gesicht gar nicht. Sie war so leise und zurückgezogen, dass ich richtig versteinert bin. Das war die Kleine, Stumme, Verletzte, die unglaublich große Angst hatte, sich jemandem anzuvertrauen. Das war die, die zu viel fühlte und eigentlich gar keinen Kontakt zu anderen wollte, aus Angst, wieder verletzt zu werden. Es war nicht so, als hätte die laute Alexandra die leise Alexandra beschützt, es war eher so, als wäre die laute immer lauter geworden, weil die leise sie ignoriert hat. Und logischerweise hat sich die leise, kleine Alexandra dann immer mehr zurückgezogen. Es war ein Teufelskreis.

MIR HAT ES SEHR GEHOLFEN, MIR DAS GANZE BILDLICH VORZUSTELLEN, WEIL ES MIR DANN LEICHTER FIEL, DEM GANZEN EINEN INNEREN RAUM ZU GEBEN.

Visuell wird vieles für mich greifbarer. Vielleicht findest auch du ein inneres Bild für dich, das dir verdeutlicht, wie deine Inneren Kinder leben.

Beim Anblick meines Inneren Kindes, das da ganz alleine in der Ecke sitzt, wurde mir bewusst, dass dieser Zustand niemals weggehen würde, solange ich lebe. Umso mehr ich versuchte, dort nicht hinzuschauen, desto mehr lehnte ich mich

selbst ab, desto mehr begann ich, in die Verdrängung zu rutschen.

In der Inneres-Kind-Arbeit ging es darum, Kontakt zu diesem Mädchen aufzunehmen. Mich anzuvertrauen und mich zu interessieren. Ich habe versucht, diesem Ich-Anteil das zu geben, was ich damals so dringend gebraucht, jedoch nicht bekommen habe.

Wenn wir es schaffen, die Anteile des Inneren Kindes und die des Erwachsenen miteinander in Kontakt zu bringen und uns quasi selbst liebevoll und fürsorglich entgegenzutreten, um uns um die Bedürfnisse des Inneren Kindes zu kümmern, kann es für uns der Ausbruch aus der Isolation hin zur tiefen Selbstannahme und Selbstfürsorge sein. Dabei geht es darum, der Mensch für dich selbst zu sein, den du damals als Kind gebraucht hättest.

ES IST NIE ZU SPÄT FÜR EINE GLÜCKLICHE KINDHEIT.

Wie nähert man sich seinem Inneren Kind jetzt also an? Ich kann dir raten, Kontakt zu dir selbst aufzunehmen. Mit was hast du dich in deiner Kindheit beschäftigt? Was war dein Lieblingsessen? Welche Musik hast du gehört? Manchmal reichen schon ein paar Erinnerungen an Gerüche oder Melodien aus, um einen ersten Kontakt herzustellen.

Auch Meditationen oder Imaginationsreisen zu diesem Thema können dir helfen, euch beide ein wenig näherzubringen. Luise Reddemann hat das unfassbar hilfreiche Buch »Imagination als heilsame Kraft« (Klett-Cotta Verlag, 21. Auflage, April 2019) geschrieben. In diesem Buch gibt es eine Lichtkreis-Meditation der Inneren Kinder.

Dabei geht es darum, deine Inneren Kinder zusammenzutrommeln und sie in einen Lichtkreis einzuladen, der in deinem Herzen entsteht; ihnen quasi in einer sicheren und friedlichen Atmosphäre zu begegnen. Hierbei nimmst du dir Zeit, die verschiedenen Kinder genauer kennenzulernen und sie zu verstehen. Das Schöne an dieser Meditation ist, dass du deinen Inneren Kindern all die Wärme und das Licht aus deinem Herzen gibst und sie somit selbst nachnähren kannst. Es geht nicht mehr darum, von wem oder wie sie früher verletzt wurden, es geht vielmehr darum, dir selbst Sicherheit zu geben und einen Moment Frieden in deinem Herzen zu spüren.

Nachdem ich mir über meine verletzten Kinder sehr bewusst war, habe ich begonnen, mit ihnen zu sprechen.

WENN DU ALSO IN EINE SITUATION KOMMST, IN DER DU DIE KONTROLLE VERLIERST ODER FESTSTELLST, DASS DU ABSOLUT ÜBERFORDERT BIST, DANN VERSUCHE INNEZUHALTEN UND ZU REFLEKTIEREN.

Ist die Situation etwas, das den Erwachsenen gerade verletzt? Geht es gegen deine Werte, die du lebst? Oder ist es ein alter Schmerz in deiner Kindheit, der durch diesen Moment jetzt wieder getriggert wird? Hat der Schmerz etwas mit der Gegenwart oder mit der Vergangenheit zu tun?

Ein persönliches Beispiel: Ich kann superschwer damit umgehen, ausgeschlossen zu werden. Ablehnung ist etwas, was viele von uns sehr schnell in eine Gefühlslage bringt, in der wir überfordert sind. Wenn ich also heute Ablehnung erfahre oder

spüre, dass Menschen sich von mir abwenden, obwohl sie doch gerade noch an meiner Meinung interessiert waren, meine Unterstützung dankend angenommen oder sogar weitere Schritte mit mir geplant haben, kommt bei mir sofort das Gefühl von Einsamkeit und Trotz.

Ich werde wütend, fühle mich ungerecht behandelt, wünsche mir Ehrlichkeit und hänge irgendwie zwischen den Seilen. Ich verstehe nicht, was der Grund ist, warum ich jetzt nicht mehr »dabei« sein darf. Ich wünsche mir Klarheit! Doch was ist dieser Schmerz, der diese Wut auslöst?

Ein Mensch, der mir gerade wichtig ist, entscheidet sich, jemand anderen um Rat zu fragen oder den Abend doch mit anderen Freunden und ohne mich zu verbringen. Das ist doch eigentlich gar nicht so schlimm? Jeder hat doch das Recht, das zu tun, was er möchte? Warum tut es mir dann so weh?

Ach, ist das vielleicht mein Inneres Kind, das gerade rebelliert, weil es sich so sehr wünscht, geliebt zu werden? Kommt das vielleicht aus meiner Kindheit, weil es sich früher schon immer so angefühlt hat, abgelehnt zu werden – damals, wenn ich mit meinen Freundinnen aus dem Reitstall verabredet war, aber sie sich dann doch ohne mich getroffen haben? Ich habe mich ausgeschlossen gefühlt, abgelehnt, so als würden sie mich nicht dabeihaben wollen. Wieso haben sie es mir nicht einfach ehrlich gesagt?

Ich erinnere mich noch gut an das Gefühl und diesen Druck auf meiner Brust, wenn ich meine Freundinnen beim Spielen beobachtet habe und wusste, dass sie mich nicht dabeihaben wollten. Ich weiß noch, wie mühselig ich versucht habe, ihnen zu gefallen. Wenn ich heute in diese Situation komme, höre ich nach innen. Was ist gerade wirklich in mir los? Erinnert mich dieses Gefühl an ein früheres Gefühl, das ich aus meinem Leben schon kenne? Wenn ich ganz neutral auf die Situation blicke, ist sie wirklich so ungerecht, wie ich sie gerade empfinde? Oder mischt sich da ein innerer Kindanteil ein, den ich eigentlich schon kenne? Und dann werde ich feinfühlig mit mir. Dann beginne ich, mich um mich zu kümmern. Mir was Gutes zu tun, vielleicht mein Lieblingsessen zu kochen und Musik zu hören, die ich mag. Mir immer wieder zu sagen, dass die Situation jetzt nichts mit der Situation von damals zu tun hat.

GERADE IN ZWISCHENMENSCHLICHEN BEZIEHUNGEN LÖSEN MENSCHEN IMMER WIEDER ALTE VERLETZUNGEN IN UNS AUS, IN DEM SIE UNS STELLVERTRETEND AN EINE PERSON UNSERER VERGANGENHEIT ERINNERN.

Wenn du zum Beispiel darunter gelitten hast, dass deine Schwester sehr kontrollsüchtig war und dich manipulativ behandelt hat, wirst du mit manipulativen Menschen in der Gegenwart auch deine Probleme haben. Sie werden nämlich den gleichen Schmerz auslösen, den das Kind in dir nicht verarbeiten konnte. Das Innere Kind in dir verfällt in eine der vielen Schutzmechanismen. Das können beispielsweise Angriff, Flucht, Sucht, Erstarrung sein. Dann wird es in uns ganz still, das Innere Kind übernimmt die Führung, und der erwachsene Anteil fühlt sich ausgeliefert, kann aber gar nicht verstehen, was eigentlich los ist.

In diesem Fall wäre es eine Idee, das mit dem Innehalten zu versuchen. Nimm dir einen Moment. Atme durch. Versuche, mit dem Kind Kontakt aufzunehmen. »Hey Kleine, ich weiß, dass dir das gerade sehr wehtut. Doch ich kann dir sagen: Du bist sicher. Der Schmerz, den du fühlst, ist alt. Es ist eine neue Situation, und ich passe jetzt auf dich auf.« Versuche dir selbst die Ruhe und die Sicherheit zu geben, die du damals nicht bekommen hast. Umso öfter du dein Kind vor diesen Rückschlägen schützt, desto sicherer wird es.

Eine ebenso schöne Möglichkeit ist es, deinen Inneren Kindern Briefe zu schreiben und ihnen so die Aufmerksamkeit zu geben, die sie vielleicht so dringend gebraucht hätten, jedoch nicht bekommen haben. Das kann zum Beispiel so aussehen:

Jetzt bist du dran! Auf den nächsten Seiten kannst du dir Zeit nehmen, deinen inneren Kindern Briefe zu schreiben. Dabei kannst du selbst entscheiden, welchem Kind deine Worte gerade gut tun würden. Wenn es dir schwer fällt, Erinnerungen zu deinen inneren Kindern herzustellen, können dir folgende Fragen helfen:

Welche Menschen waren in deinem Umfeld? Mit wem hast du viel Zeit verbracht? Was war dein Lieblingsessen? Hast du Erinnerung an Gerüche?
Welche Kleidung hast du am liebsten getragen? Welche Musik hast du gehört? Hattest du ein Vorbild? Hast du einen bestimmten Star angehimmelt?
Und wenn du ein bestimmtes Vorbild hattest, welche Eigenschaften wolltest du von ihm immer haben und hast sie vielleicht auch übernommen?
Welche Fernsehserien hast du geschaut?

Hey meine Kleine,

danke, dass du jeden Morgen aufgestanden bist. Danke, dass du jeden Tag gemeistert hast. Danke, dass du nie aufgehört hast zu träumen. Ich verstehe dich. Ich kann deine Not sehen. Ich verstehe, wie es ist, sich selbst so zu hassen. Ich sehe deine Wunden, deine Narben, deine Angst. Ich seh deine schlaflosen Nächte, dein Helfersyndrom. Ich bin da. Ich war es vielleicht nicht immer, aber ich kann dich jetzt schützen. Danke, dass du so eine Kämpferin warst und nie aufgehört hast, an dein gutes Herz zu glauben. Ich bin stolz auf dich, und ich verspreche dir, dich nicht mehr alleine-zulassen. Es ist vorbei. Du bist sicher. Niemand hat dir diesen Schmerz mit Absicht zugefügt. Du kannst dich bei mir fallen-lassen.

Für dich

WAS MÖCHTEST DU DEINEM
INNEREN KIND SAGEN?

(An die __ -Jährige)

Wenn wir uns auf die Spuren der Persönlichkeitsentwicklung begeben, ist es gerade in den ersten Schritten der Veränderung eine Gratwanderung. Die Systeme und Verhaltensmuster, in denen wir uns bewegen, verändern sich, nehmen eine neue Form an oder schmeißen uns manchmal Hals über Kopf in neue Welten. Wir bekommen plötzlich so viel mehr von uns mit. Besonders dann, wenn wir anfangen, unsere Impulse nicht mehr wegzudrücken oder kleinzureden, öffnen sich in gewisser Weise ganz neue Gefühlszustände. Und das ist manchmal schon für uns selbst überfordernd.

Nachdem wir die Veränderungen in uns in Schwung gebracht haben, steht die Veränderung im Außen an. Das ist ein unglaublich schwerer Schritt. Denn unser Umfeld kennt und schätzt uns in dem System, in welchem wir agieren, und es ist manchmal extrem schwer, mit Veränderung umzugehen, gerade wenn wir in unserem Umfeld

Dein Umfeld

DU BIST DER DURCHSCHNITT DER
FÜNF MENSCHEN, DIE DICH UMGEBEN

Aufgaben haben oder gut funktionieren. Dann geben uns Eltern oder Freunde keinen Raum für Weiterentwicklung und sagen Dinge wie »Du hast dich echt verändert« oder »Du bist gar nicht mehr du selbst«. Ja, das stimmt, vielen Dank, dass du es bemerkt hast! Ich bin Gott sei Dank nicht mehr die Gleiche wie noch vor zwei Jahren oder zwei Monaten, und manchmal sogar nicht einmal mehr die Gleiche wie vor zwei Wochen. Denn das würde Stillstand bedeuten. Ich würde mich freuen, wenn du dich für meine Entwicklung interessierst und sie annimmst, anstatt darüber zu urteilen.

Ist euch mal aufgefallen, dass bei Geburtstagswünschen oft »Bleib, wie du bist« geschrieben wird? Hey: Sag doch lieber »Sei, wie du wirst«, das ist so viel mehr wert.

Dein Umfeld nimmt einen unfassbar großen Wert deiner Persönlichkeitsentwicklung ein. Denn du bist der Durchschnitt der fünf Menschen, die dich umgeben. Dieser Spruch war für mich so unglaublich aufdeckend und schockierend, dass ich mich von heute auf morgen aus meinem Umfeld gerissen und mir ein ganz neues aufgebaut habe.

Lass mich dir das noch ein wenig genauer erklären.

Vielleicht handelt es sich gar nicht nur um fünf Menschen, sondern allgemein um die Personen, die in deinem Leben eine Rolle spielen. Doch wenn du dir mal aufschreibst, welche fünf dich am meisten umgeben, wirst du feststellen, was ich meine. Dabei geht es nicht um die fünf engsten Freunde, die dir am meisten bedeuten, sondern um die, mit denen du die meiste Zeit verbringst. Das können deine Kollegen sein, Mitbewohner, deine Familie, deine Vorgesetzten. Jeder, der deine Zeit mit dir teilt. Wenn du dir jeden Tag die Podcasts von einer bestimmten Person anhörst, ihre Bücher liest oder Online-Trainings machst, dann wird auch diese Person zu deinem nächsten Umfeld, da du ihre Sichtweisen und Einstellungen am meisten konsumierst.

Warum übernehmen wir das, was andere Menschen ausstrahlen? Wir Menschen sind anpassungsfähig und wollen Konflikte vermeiden. Wenn du am Strand in Thailand eine Gruppe von Reisenden in deinem Alter triffst, wirst du andere Gesprächsthemen haben als in München im Club beim Trinken einer Champagnerflasche für 6.000 Euro. Würdest du dich den ganzen Tag nur mit Müttern umgeben, die über ihr anstrengendes Leben klagen, wird sich dein Alltag anders verändern, als wenn du ihn mit Menschen verbringst, die im absoluten Fitnesswahn sind. Damit erkennst du: Dein Umfeld färbt auf dich ab.

Denn dein Umfeld ist oft das, was deine eigene Entwicklung nicht nur bremst, sondern auch manchmal schier unmöglich macht. Wir funktionieren in den Systemen, in denen wir leben. Nicht nur für uns selbst, sondern vor allem auch für die Außenstehenden.

Die meisten Menschen lassen sich von ihrer Angst einschränken. Sie sind Sicherheitsdenker, die ungern aus den bestehenden Systemen ausbrechen. Stell dir vor, du möchtest dich selbstständig machen und deinen Traum vom eigenen Business leben. Du hast aber nur Menschen um dich, die angestellt sind. Glaubst du wirklich, dass dir jemand von ihnen Mut für deine Selbstständigkeit machen wird? Oder wäre es nicht sinnvoller, Zeit mit jemandem zu verbringen, der das, was du gerne hättest, schon erreicht hat? Der genau das schon lebt, was du gerne leben würdest.

Jemand, der jeden Morgen drei Kilometer um den Block joggt, wird dich anders bestärken, einen Marathon zu laufen, als jemand, der seit vier Jahren nichts anderes tut, als Strecken über 40 Kilometer zurückzulegen. Verstehst du, was ich meine? Die Erfahrung ist das, was den Unterschied macht. Deshalb ist es so wichtig, sich immer wieder Vorbilder zu suchen und sich von deren Erfolg motivieren zu lassen.

Vielleicht gibt es in deinem Umfeld Menschen, die deine Energie entziehen. Man nennt diese Menschen Energievampire. Sie nehmen sehr viel Zeit und Raum ein, drehen sich immer wieder im Kreis, wollen ihr Leben eigentlich gar nicht ändern, denn im Jammern fühlen sie sich zu Hause. Da gibt es Mitgefühl und Zuwendung. Wir tun uns unglaublich schwer, uns von diesen Menschen zu distanzieren. Denn wir haben ja so viel Liebe und Mitgefühl für sie, leiden mit ihnen oder reden uns ein, wie viel Pech dieser arme Mensch doch hat. Doch im Endeffekt wird sich das alles von alleine lösen, wenn du erkennst: Jeder ist für sein eigenes Glück verantwortlich! Und solange du diese Freunde immer wieder mit Aufmerksamkeit fütterst, haben sie gar keinen Grund, sich zu ändern, denn du gibst ihnen genau das, was sie brauchen, um exakt in diesem Stillstand weiter zu verharren.

Wenn du dich mal so umhörst, was glaubst du, wie viele Menschen in Deutschland unzufrieden mit ihrem Leben sind? Ich würde schätzen, über 80%! Jetzt stelle dir vor, du nimmst dein Leben in die Hand und machst etwas draus, wachst jeden Morgen auf und denkst dir: »Geil! Ich liebe mein Leben.« Das wirst du natürlich ausstrahlen und andere Menschen, die genauso denken, anziehen. Denn gleich und gleich gesellt sich gern. Die anderen, die diesen Zustand jedoch nicht erreicht haben oder ihn gar nicht erreichen wollen, werden dann automatisch abweisend und skeptisch. Sie könnten beginnen, über dich zu sprechen und über deine Veränderung zu urteilen. Das liegt daran, dass du sie mit ihrer eigenen Unzufriedenheit konfrontierst.

Dein Umfeld ist einer der wichtigsten Faktoren, wenn du dein Mindset und dein Leben ändern möchtest. Es kann dich hindern oder unterstützen, der Mensch zu werden, der du sein möchtest.

MIT WELCHEN MENSCHEN VERBRINGST DU AM MEISTEN ZEIT?

AUF WELCHE WEISE BEEINFLUSSEN SIE DICH?

WIE GEHT DEIN UMFELD MIT VERÄNDERUNG UM?

WEN BRAUCHE ICH IN MEINEM UMFELD, UM DAS ZU ERREICHEN, WAS ICH MÖCHTE?

So ein Stress

WIE DU DIR AUCH AN STRESSIGEN TAGEN GUTES TUST

SETZE DIR ANKER!

Im Alltag haben wir oft Stress und fühlen uns am Ende des Tages total ausgelaugt. Deswegen ist es wichtig, dir auch während des Tages Zeit für dich zu nehmen. Um dich daran zu erinnern, kannst du dir einen Anker setzen. Beispielsweise: Jedes Mal, wenn du durch eine Tür gehst, frage dich kurz:

»Wie geht es mir gerade?« Jedes Mal, wenn du die Klospülung betätigst, frage dich: »Was brauche ich gerade?« Jedes Mal, wenn du auf dein Handy schaust, um deine Nachrichten zu checken, frage dich: »Wie fühlt sich mein Körper gerade an?« So verbindest du Gedanken mit Handlungen. Mit ein wenig Übung wird es zur Routine.

HOLE DIR ENERGIE

Wenn du Energie brauchst, verbinde dich für einen Moment mit dem unsichtbaren Faden in das Universum. Stelle dir dazu vor, dass er dich von deinem Scheitel nach oben aufrecht zieht. Richte dich auf, achte auf einen geraden Rücken, schließe die Augen, atme tief durch und genieße den Energiefluss für einen Moment.

JA, SO BIN ICH AUCH

Stressige Situationen gehören zum Leben dazu. Manchmal beginnen wir im Stress, bissig zu werden, oder nehmen Eigenschaften an, die wir an uns selbst nicht leiden können. Beginne nicht, dich abzuwerten, nur weil du gerade in einer anspruchsvollen Phase bist. Lege dir die Hand auf die Brust, atme durch und sage dir: »Ja, so bin ich auch. Dieser Teil darf auch zu mir gehören.«

ERINNRE DICH AN DAS PENDEL

Wir haben die Vorstellung, dass es uns immer gut gehen soll, und schlechte Tage überfordern uns schnell. Veränderung darf schleichend passieren, und du brauchst die dunkleren Tage, um wieder zu pendeln. Stress zeigt dir, wie belastbar du bist, und hilft dir, die entspannten Phasen wieder mehr zu schätzen.

BELOHNE DICH LIEBEVOLL

Es muss nicht gleich das Wellness-Wochenende sein, doch in Zeiten von Stress ist es superwichtig, sich mit kleinen Dingen zu belohnen. Gönn dir den Cookie! Mach dir einen Tee, nimm dir die Auszeit in der Wanne, trage Lippenstift, wenn du dich schöner fühlst! Halt immer wieder kurz inne und bedanke dich bei deinem Körper dafür, dass er dich trägt.

Podcastfolge:
Kurze Meditation zum Thema
Nimm dich selbst an!

Dein Spiegelbild

WENN DU DICH IN BEZIEHUNGEN SELBST SICHBAR MACHST

Die Einsamkeit ist ein wichtiger Faktor in der Entwicklung unserer Persönlichkeit. Nur wer sich auch wirklich in Stille und Einsamkeit erfahren kann, kommt bis auf den Grund seines Selbst.

Einsamkeit bedeutet für mich wirkliche Einsamkeit, nicht nur eine Nacht alleine in einem Hotelzimmer verbringen, abends mit Freunden telefonieren oder den ganzen Tag in Social Media unterwegs sein. Wirklich den Kontakt zur Außenwelt reduzieren. Ablenkung und Gesellschaft ist wichtig, doch da im Leben alles pendelt, ist auch die Zeit mit sich selbst ein sehr wichtiger Faktor. Aber all die Erkenntnisse, die wir in der Einsamkeit über uns erfahren, die Dinge, die wir über uns glauben, die Gefühle, die sich in uns auftun, brauchen einen Spiegel. Denn wenn wir in der Einsamkeit bleiben, wissen wir nicht, ob das, was wir über uns erfahren haben, wirklich wahr ist. Und dieser Spiegel sind deine Beziehungen. In unseren Beziehungen spiegelt sich so ziemlich alles aus unserer inneren Gefühlswelt. Wenn wir glücklich sind, ziehen wir glückliche Menschen an, wenn wir innerlich unzufrieden sind, verlagern wir das oft auf unsere Mitmenschen und umgeben uns auch mit denen, die gleiche Gefühle wie wir erleben.

Die Beziehung, die du mit dir selbst führst, ist die wichtigste Beziehung, die du jemals

führen wirst. Denn sie setzt den Grundstein für alle anderen Beziehungen, die du eingehen wirst. Und du kannst nur in einer guten Beziehung mit anderen sein, wenn du eine gute Beziehung mit dir selbst führst.

Klingt vielleicht abgedroschen, aber es ist so wichtig, sich das immer wieder vor Augen zu halten. Menschen, die mit sich selbst immer wieder innere Konflikte haben, die wegrennen und austeilen, anstatt innezuhalten und nachzudenken, Menschen, die aufgeben und erwarten, dass andere sich ändern, anstatt zu kämpfen und bei sich selbst anzufangen, verlagern ihre inneren unerfüllten Bedürfnisse auf ihr Umfeld.

Ich ziehe solche Menschen immer wieder an. Ich mag es, gebraucht zu werden. Ich liebe es, wenn ich sehe, wie sich andere Menschen durch meine Liebe verändern können. Wie sie aufblühen und wachsen, regelrecht über sich hinauswachsen und neue Ziele erreichen. Es gibt für mich kein größeres Geschenk, als alles immer wieder durch Liebe zu sehen. Liebe gewinnt für mich zu jeder Zeit.

Es gibt da nur einen Haken. Wenn die Selbstliebe, und damit meine ich wirklich bedingungslose Selbstliebe und nicht die, die ich von anderen Menschen abhängig mache, nicht gefestigt ist, läuft die Liebe,

Podcastfolge:
Intimität in
Beziehungen
herstellen

Übung: Wann hast du dir das
letzte Mal Zeit genommen,
deinen Partner richtig
anzusehen und dich selbst
auch ohne Worte »zu zeigen«?
Nehmt euch 5 Minuten Zeit,
euch in Stille gegenüberzu-
setzen und euch nur in die
Augen zu sehen. Es wird eurer
Beziehung mehr Tiefe geben.

die du deinem Partner geben willst, ins Leere. Natürlich kommt sie irgendwie an, aber sie kann sich nicht vermehren und entwickeln.

Mir haben Freundinnen oft gesagt: »Alex, das ist doch keine Liebe, das ist Sucht!« Ja, vielleicht ist es das auch. Doch vielleicht beinhaltet Sucht auch einen großen Teil Liebe. Das Problem ist nur, dass die Liebe keine Basis hat. Denn auf der einen Seite gibst du immer mehr und mehr, in der Hoffnung, dass dein Gegenüber sich durch deine Liebe stärkt und aufblüht. Auf der anderen Seite bekommst du dafür auch Anerkennung und Liebe zurück. Vielleicht zeigt sich das durch große Fürsorge oder Schutz. Aber das Problem ist, dass die Liebe somit immer an Bedingungen geknüpft ist. Sie ist nicht frei von Erwartungen, da man den anderen mit seiner Liebe verändern will.

Hier möchte ich fast sagen, dass es fast schon eine Retterrolle einnimmt. »Oh, ich möchte dich retten und dir zeigen, wie toll du bist.« – »Bitte, bitte, liebe dich doch selbst, und höre auf, dich so schlecht zu behandeln.«
Diese Muster sind unglaublich liebevoll gemeint und zeigen große Hilfsbereitschaft. Doch du kannst keinen Menschen retten, vor allem nicht, wenn er sich selbst nicht verändern möchte. Du kannst ihn nur lieben. Ganz ohne Druck.
Ich kann dir aus eigener Erfahrung sagen, wie schmerzvoll dieser Weg sein kann.

ICH WEISS, WIE ES IST, ZU SEHR ZU LIEBEN, SICH FÜR JEMAND ANDEREN ZURÜCKZUSTELLEN UND SICH SOGAR EIN STÜCK WEIT AUFZUGEBEN.

Jeden Tag aufs Neue zu hoffen, dass das, was du an Liebe gibst, dem anderen reicht, und unter Schmerz festzustellen, dass es vermutlich nie reichen wird, weil dein Gegenüber sich selbst nicht bedingungslos lieben kann.

Und auch, wenn euch unendlich viel Liebe umgibt, weil alles, was ihr tut, irgendwie aus Liebe besteht ... Liebe alleine reicht nicht für eine glückliche Beziehung. Diese Erkenntnis war eine der wichtigsten in meinem Leben. Ich habe mich nach meiner Trennung oft gefragt: »Wie konnte ich das loslassen, habe ich nicht genug geliebt?« Doch darum geht es nicht. Es gibt so viele unterschiedliche Formen von Liebe, und du musst für dich selbst herausfinden, welche die beste für dich ist. Die einen macht es glücklich, sich aufzuopfern, andere bevorzugen lieber die Liebe, die unfassbar viel Freiraum gibt. Du kannst deine eigenen Wünsche an die Liebe selbst definieren. Doch versuche keine Bedingungen zu stellen. Liebe passiert nicht unter Druck oder Erwartungen, Liebe entsteht und wächst, indem du einfach nur bereit bist, dich darauf einzulassen.

Oftmals gehen Beziehungen so tief und so leidenschaftlich einher, dass die Rollen tauschen und das einst so heilsame Pendeln in ein unkontrollierbares Wanken und Hoffen gerät. Ich persönlich falle dann sofort in die eben erwähnte Retterrolle! Das liegt daran, dass mein Gegenüber seinen Frust in dem Fall auch auf mich projiziert. Da uns dieses Spiel ja bekannt ist, versuche ich Verständnis dafür aufzubringen und das Ganze sehr reflektiert zu betrachten. Somit beginnen wir den Frust, der auf uns übertragen wird, zu erkennen, und versuchen sofort zu helfen. Ich möchte dem anderen die Liebe und Sicherheit geben, die er/sie sich in dem Moment nicht selbst geben kann. Das ist wahnsinnig liebevoll und toll von mir, aber es bringt leider gar nichts, außer vorübergehend vielleicht ein paar Stunden Ruhe. Du kannst einen anderen Menschen nicht retten oder heilen, verändern oder neu erschaffen. Du kannst dich nur gemeinsam mit ihm verändern, wenn du bereit bist, dich selbst zu verändern. Und das funktioniert leider auch nur, wenn beide sich in die gleiche Richtung entwickeln wollen.

Ich kenne aber auch die andere Seite: Ich falle in die Opferrolle, wenn meine Liebe ins Leere läuft.

ES GIBT NICHTS FRUSTRIERENDERES, ALS JEMANDEM BEDINGUNGSLOS ALLES GEBEN ZU WOLLEN, DOCH ZU MERKEN, DASS ES SINNLOS IST. DENN DU VERLIERST DICH DABEI SELBST.

Und bevor man sich das eingesteht, ist die Opferrolle eine super Alternative. Ich bin dann die Heilige, die doch alles richtig macht und eigentlich nur helfen will und dafür zurückgewiesen wird. Ich empfinde das als total unfair und bin damit wirklich in meiner eigenen Wahrheit. Dabei mache ich mich klein und bedürftig. Für kurze Zeit ist das manchmal eine gute Entscheidung. Doch langfristig gesehen ist auch die Opferrolle nichts Erstrebenswertes. Wir sollten uns bewusst sein, dass die Emotionen, die wir in unseren Beziehungen leben, immer eine Wirkung auf unser Gegenüber haben, gerade wenn einer von beiden reflektierter ist. Indem nur eine Seite das Verhalten schnell analysiert und versteht, Rückschlüsse zieht und eine Lösung parat hat, entsteht schnell ein Gefäl-

le. Eine Person stellt sich über die andere, möchte die eigene Wahrheit anpreisen, weil man ja vermeintlich alles besser weiß. Somit findet die Beziehung auf zwei unterschiedlichen Ebenen statt, und es ist unmöglich, wirkliche Nähe zu spüren. Es gibt keine Ebene, auf der man sich begegnen kann. Ebenso können auch große, impulsive Gefühle schnell überfordern.

Ich denke, das Wichtigste in unseren Beziehungen ist das Gleichgewicht zwischen Geborgenheit und Freiheit. Im Japanischen gibt es sogar ein Wort dafür. Amae bedeutet, sich in einer Beziehung geborgen und sicher, jedoch trotzdem frei und unabhängig zu fühlen. In Japan hat dieser Wert eine sehr wichtige Bedeutung in der Erziehung und in der ersten Bindung überhaupt: die zu deiner Mutter. Meiner Ansicht nach ist dieses Gleichgewicht einer der wichtigsten Bestandteile einer gesunden Beziehung. Wir brauchen die Geborgenheit, und damit meine ich die beständige Sicherheit, ohne Eifersucht, ohne Neid, ohne Vergleich und Bewertung, um wachsen zu können. Und gleichzeitig brauchen wir die Freiheit, die neuen Ufer und Träume, Erfahrungen, die außerhalb unserer Komfortzone liegen, und immer wieder neues Entwicklungspotential, um uns wirklich entfalten zu können. Verharren wir zu sehr auf einer Seite, verhärten wir. Wenn wir die Freiheit vergessen, fallen wir schnell in Abhängigkeit, unsere Erwartungen setzen sich nach oben, wir doktern mehr an unserem Partner rum, anstatt bei uns selbst zu bleiben. Fallen wir zu sehr auf die Seite der Freiheit, vergessen wir unseren sicheren Hafen, stellen unsere Unabhängigkeit vor alles und haben oft das Bedürfnis, uns von nichts und niemandem etwas sagen zu lassen. Du siehst schon, ich mag das Pendeln. Nur wenn du beide Seiten siehst, kannst du erfüllt und harmonisch im Gleichgewicht mit dir und deinem Partner leben.

Wenn wir uns entscheiden, mit einem anderen Menschen eine Beziehung einzugehen, ist das keine Entscheidung, die der Kopf trifft. Es ist kein Abwägen von Vor- und Nachteilen und auch kein rationales Empfinden. Liebe ist ein Gefühl, das uns manchmal sogar blind und hilflos macht, wenn wir sie falsch interpretieren. Manchmal ist Liebe sogar gleichzeitig egoistisch und aufopfernd. Wir denken, dass der andere Mensch das in seinem Herzen trägt, was wir so dringend brauchen, und gehen natürlich auch davon aus, dass das Gegenüber uns dies immer und bedingungslos zur Verfügung stellen wird. Und gleichzeitig ist Liebe so wundervoll. Sie schafft es, uns fliegen zu lassen, uns leicht zu machen. Sie lässt uns ankommen und auftanken. Liebe ist ein Gefühl, das sich wunderbar warm und erleuchtend anfühlt. Es befähigt uns, mehr in allem zu sehen. Liebe verschiebt unsere Prioritäten. Und das darf sein.

Wenn wir eine Beziehung mit einem Menschen eingehen, und dabei ist es komplett egal, ob das eine Freundschaft oder eine Liebesbeziehung ist, dann sollten wir uns darüber bewusst sein, welches Bedürfnis wir damit befriedigen wollen. Denn wir suchen uns genau aus diesem Grund Beziehungen. Wir möchten ein Bedürfnis in uns stillen. Vielleicht ist es das Verlangen nach Körperlichkeit, nach Gemeinsamkeit, Familie oder Zugehörigkeit. Die unterschiedlichen Bindungen, die wir eingehen, haben unterschiedliche Ursprünge. Und jede unsere Beziehungen zeigt sich auch anders. Wir haben einfache und kompliziertere Kontakte, die einen Freundschaften leben vom Abenteuer, andere vom gemeinsam zur Ruhe Kommen. Es

ist nicht das Ziel, mit allen Menschen alles zu haben, sondern es ist wichtig, dass du erkennst, welche Werte und Eigenschaften deine verschiedenen Beziehungen haben. Mit den einen Freunden kannst du besonders gut feiern und aktiv sein, dafür ist es schwieriger, tiefgründige Gespräche zu führen. Eine andere Freundschaft spiegelt dir die tiefsten Gedanken deines Selbst, aber es ist schwer, auch mal einen lockeren Nachmittag zu verbringen. Und das ist gut so! Mache dir bewusst, was die Vorteile deiner Beziehungen sind. Und auch dabei gibt es nichts Schlechtes oder Wertendes. Manche meiner Beziehungen sind eher dramatisch, energievoll, sehr tief und haben eine hohe Spannung, andere sind easy, leben von viel Freiraum und Leichtigkeit. Es ist wie immer die Mischung, die es perfekt für dich macht.

Alle Beziehungen, die wir eingehen, konfrontieren uns mit unserer inneren Gefühlswelt, und dabei spreche ich nicht nur von Liebesbeziehungen. Auch Freundschaften, Arbeitskollegen, Vorgesetzte und Nachbarn gehören dazu. Jeder Mensch, mit dem du »in Beziehung« stehst, spiegelt dir etwas. Oftmals ist es so, dass wir das, was wir an anderen Menschen nicht leiden können, bei uns selbst auch nicht leiden können. Die Dinge, die uns bei anderen abstoßen und aufregen, tun das deshalb, weil wir die Anteile an uns selbst nicht akzeptieren können. Vielleicht hast du das auch schon einmal selbst an dir beobachtet. Andersrum ist es genauso. Menschen, mit denen wir gleich warm werden oder es sich anfühlt, als würde man sich schon ewig kennen, tragen meist etwas in sich, das wir an uns selbst sehr gerne mögen. Oder es ist etwas, was wir gerne in unserer Persönlichkeit hätten und es deshalb bei anderen sehr schätzen. Beziehungen sagen mehr über uns selbst aus,

Liebe ist nicht das, was man
erwartet zu bekommen.
Sondern das, was man
bereit ist zu geben.
Katharine Hepburn

Podcastfolge:
Helfersyndrom & Hochsensibilität
Im Gespräch mit meiner
langjährigsten Freundin Steffi

als wir uns manchmal eingestehen. Setzen wir unsere Erwartungen und Hoffnungen zu hoch, werden wir enttäuscht. Setzen wir unsere Werte und Wünsche zu tief, verstellen wir uns, um jemand anderem zu gefallen. Deshalb ist es das größte Geschenk der Welt, wenn du jemanden findest, der all deine Seiten an dir schätzt.

Ich wünsche dir, dass du jemanden findest, der dich so lieben kann, wie du bist – und nicht so, wie er dich gerne hätte. Jemanden, für den du dich nicht klein machen musst, weil deine Stärke ihn bedrohen könnte. Jemanden, für den du dich nicht groß machen musst, nur damit er deinen Schmerz nicht sieht. Jemanden, der dich auch dann liebt, wenn du unsicher und bedürftig bist. Jemanden, der dich nicht für Schwäche abstößt. Ich wünsche dir, dass du jemanden findest, der für dich kämpft, wenn du selbst die Wege nicht mehr siehst. Jemanden, der auch dann aus eurer Liebe Kraft schöpft, wenn er gerade innere Leere spürt, jemanden, der sich mit dir entwickeln will, jemanden, der Wachstum mit dir möchte anstatt Stillstand und Starre.

Doch du musst verstehen, dass du so jemanden nur dann finden wirst, wenn du dir all das auch selbst geben kannst. Natürlich ist es gerade als Frau eines unserer größten Bedürfnisse, körperlichen Schutz, Nähe und Liebe zu erfahren. Das Gefühl, mit jemand anderem körperlich zusammen zu sein, kann man sich nicht selbst geben.

Doch bei aller Liebe – jeder entscheidet selbst, in welchem Tempo er sich entwickelt. Alleine wegen der Hoffnung oder der Sehnsucht bei einem Menschen zu bleiben, wird dich auf Dauer kaputtmachen. In der Bibel sagt man, die Liebe glaubt alles, hofft alles, hält allem stand. Früher dachte ich das auch, und dass man nicht aufgeben darf, weil die Liebe das höchste Ziel ist und es unglaublich viel Geduld beweist, wenn man aus tiefstem Herzen weiter an die Liebe glaubt. Jetzt weiß ich, dass sich Liebe verändern darf – und dass es auch Liebe sein kann, einen Menschen zu verlassen.

Auf der einen Seite ist das natürlich Selbstliebe, weil wir uns somit wieder dafür entscheiden, uns selbst die Liebe zu geben, die sonst in jemand anderen geflossen wäre. Manchmal wissen wir aber auch, dass es für den anderen das Beste ist, wenn wir die Beziehung beenden. Dann sind wir vielleicht das größte Hindernis, was einer intakten Beziehung im Weg steht, weil der andere an unserer Seite nicht mehr wachsen kann. Das kann sich aus verschiedenen Lebensumständen entwickeln, aus Erfahrungen oder gegensätzlichen Interessen.

Ich habe einmal einen Menschen verlassen, den ich noch sehr geliebt habe. Und ich kann dir sagen, dass sich diese Liebe niemals auflösen wird. Sie darf sich transformieren. Die Liebe, die ich damals empfunden habe, hat sich in eine familiäre Liebe verändert. Er hat als Person nicht mehr die Wichtigkeit, die er einmal in meinem Leben hatte, doch es ist mir wichtig, dass es ihm gut geht. Ich würde weiterhin immer da sein, wenn er mich brauchen würde. Doch ich liebe ihn mehr wie einen Cousin oder Bruder, nicht mehr als Partner.

Nimm dir das Gute aus deiner alten Beziehung mit. Bedanke dich mit Aufrichtigkeit. Sei wütend, verletzt, traurig. Weine dir die Seele aus dem Hals, lass dich fallen. Doch vertraue darauf, dass sich der Schmerz verändern wird. Du wirst bei dir ankommen. Und die Liebe ist das, was bleibt. Die Liebe zu dir selbst und zu all den guten Zeiten.

WIR GEHEN BEZIEHUNGEN EIN, UM UNSERE BEDÜRFNISSE ERFÜLLEN ZU WOLLEN. WELCHE BEDÜRFNISSE MÖCHTEST DU IN BEZIEHUNGEN ERFÜLLEN?

KANNST DU AUCH SELBST FÜR DIE ERFÜLLUNG DEINER BEFÜRFNISSE SORGEN? WIE MACHST DU DAS?

WO VERSCHWIMMEN DIE GRENZEN ZWISCHEN DEINEN BEDÜRFNISSEN UND DEN BEDÜRFNISSEN VON ANDEREN?

KLARHEIT ODER DRAMA, FÜR WAS ENTSCHEIDEST DU DICH? WELCHE VORTEILE HAT DAS EINE UND DAS ANDERE?

WOVON HÄTTEST DU IN DEINEN BEZIEHUNGEN GERNE MEHR? UND WIE KLAR KANNST DU DIESE WÜNSCHE ZEIGEN?

WAS MACHT DICH BESONDERS WERTVOLL IN BEZIEHUNGEN?

Enttäuschung

WENN DIE TÄUSCHUNG
EIN ENDE HAT

Ehrlich gesagt, schiebe ich dieses Kapitel schon ziemlich lange vor mir her. Und vermutlich ist es deshalb auch eines der wichtigsten. Denn zu schreiben ist manchmal wie eine Art Therapie. Es ist eine Art Ausdruck, Verarbeitung und Reflexion.

Das letzte Jahr war eines der schönsten meines Lebens. Und das Schöne ist, dass ich das eigentlich jedes Jahr an Silvester sage. Das ist auch mein Anspruch an mein Leben. Ich möchte mir an Silvester nicht ein frohes neues Jahr wünschen, gespickt mit tausend neuen Vorsätzen und Hoffnungen. Ich möchte nicht sagen: »Gott sei Dank ist das Scheißjahr vorbei, nächstes Jahr wird alles besser.« Ich möchte, dass jedes meiner Jahre ein absolutes Highlight wird. Und auch wenn es wie im letzten Jahr viel Schmerz und Enttäuschung gab, ich habe es überlebt. Es hat mich verändert. Vielleicht hat es mich stärker gemacht, vielleicht hat es mich weicher gemacht. Egal in welche Richtung da was passiert ist, es hat Veränderung stattgefunden.

Und jetzt sitze ich gerade hier in meinem Büro, neben mir findet auf dem Fabrikgelände eine große Party statt. Freunde haben mich vorhin drei Stunden lang besucht. Wir haben gequatscht, gelacht, zusammen über das Leben geredet, und es war wunderschön. Ich bin leicht, glücklich, dankbar. Und dann öffne ich meinen Laptop, um das Kapitel über Enttäuschung zu schreiben und mache die Kreativität-Playlist auf Spotify an. Es ist still, nur die Musik tönt aus dem Lautsprecher, ich höre die Kerzen leise knistern und die Tasten meiner Tastatur klicken dumpf. Und dann ist da dieser Moment. Der Moment voller Glück und Leichtigkeit, der sich plötzlich verändert. Das Büro hier war vor ein paar Minuten noch voller Liebe und Freude, und jetzt ist die Trauer hier. Während ein

paar Meter weiter Hunderte Jugendliche zu Partymusik eskalieren und ihr Leben feiern, ist in diesem Moment die Melancholie bei mir eingezogen. Dieses eine Lied bedeutet plötzlich den größten Schmerz. Jetzt laufen die Tränen über meine Wangen, weil es mir immer noch wehtut. Weil die Enttäuschungen letztes Jahr wirklich unfassbar groß waren. Und egal wie ich sie verarbeitet habe, sie schmerzen einfach immer wieder. Jede Enttäuschung hinterlässt eine kleine Narbe auf unserer Seele. Manche ist tiefer, manche ist vielleicht oberflächlicher. Manche Enttäuschungen heilen von alleine, andere brauchen viel Aufmerksamkeit und Geduld.

Was ich dir sagen möchte: Es ist okay. Es ist okay, sich selbst zu fühlen und zu weinen. Es ist okay, sich selbst mit ehrlichen Gefühlen zu begegnen. Und auch wenn du heute noch um Erfahrungen weinst, die schon lange vergangen sind, hast du jedes Recht dazu.

Musik ist das, was mein Herz mit meinen Erfahrungen verbindet, sie bringt mich ins Gefühl, sie trägt mich. Mein Papa hat immer so schön gesagt: »Deine Stimmung richtet sich nach der Musik, genauso wie sich deine Musik nach deiner Stimmung richtet.« Es geht in beide Richtungen. Es ist wie eine Verbindung direkt in mein Herz.

Enttäuscht zu werden ist ein bitterer Schmerz, der sich oft durch meinen ganzen Körper zieht. Das Gefühl, enttäuscht zu sein, hat sehr viel Kraft, es ist wie ein kalter Schauer, der einen großen Abgrund vor mir öffnet. Es frisst sich in meine Seele. Es ist wie ein Schmerz in meiner Brust, ziemlich genau in der Mitte meines Brustkorbs. Enttäuschung ist dumpf, sie ist hohl, sie ist kalt. Für mich ist sie wie ein Stich in mein Herz, denn meistens kommt sie ganz plötzlich. Es ist ein Satz, ein Wort, eine Situation. Enttäuschung schleicht sich zwar auch manchmal an, wie ein Schauer, der dir langsam über den Rücken läuft. Aber das Gefühl dazu kommt von jetzt auf gleich, und mit jedem Zentimeter, mit dem es sich ausbreitet, geht der Schmerz tiefer. Enttäuschung zieht bis in die Knochen und fühlt sich gleichzeitig so leer an. Es ist fast so, als würde meine Hand ins Leere greifen, obwohl da vorher noch eine warme Hand war. Enttäuschung schnürt mir die Seele zu. Es ist nicht so, dass ich direkt in Selbstmitleid verfalle oder mir die Schuld an allem gebe. Früher habe ich Enttäuschungen oft so von mir weggeschoben. Aber dazu gleich mehr.

Es gibt das Gefühl, sich selbst zu enttäuschen, und das Gefühl, von anderen enttäuscht zu werden. Ersteres kenne ich in meinem Leben kaum. Ich bin Meisterin darin, alles was passiert, einfach zuzulassen. Ich bin eigentlich so gut wie nie enttäuscht von mir. Ich lasse das Leben passieren, einfach so, wie es gerade kommt. Ich nehme es an, jede Hürde, jedes Tal, jede Herausforderung.

Wenn man das Wort Enttäuschung mal wirklich genau betrachtet, bedeutet es, dass die Täuschung ein Ende hat. Die Wahrheit kommt ans Tageslicht, der Irrtum hört auf. Natürlich kommt es immer wieder mal vor, dass ich mich in meinen Bedürfnissen oder Erwartungen täusche. Dass ich mich in Dinge oder Gefühle verrenne. Ich interpretiere falsch oder nehme anders wahr. Ich flüchte, renne davon oder geradezu in etwas Neues hinein. Natürlich nehme ich auch manchmal einen Umweg. Doch bedeutet das, dass ich enttäuscht von mir bin?
Kann man sich wirklich in sich selbst täuschen? Auf dem Weg durch meine Selbstliebe habe ich bemerkt, dass das eigentlich nicht mehr möglich ist.

ES MACHT KEINEN SINN, SICH SELBST ZU ENTTÄUSCHEN. DENN DAS WÜRDE BEDEUTEN, DASS WIR UNS SELBER NICHT MIT EHRLICHKEIT ENTGEGENTRETEN.

Wir treffen jeden Tag neue Entscheidungen, auch wenn sie nur ganz klein sind. Und so haben wir bei jedem Ziel, das wir uns setzen, immer wieder Momente, in denen wir uns bewusst dafür oder dagegen entscheiden, diesen Weg weiterzugehen. Zum Beispiel können wir sagen, wir möchten in Zukunft gesünder essen, und trotzdem erlauben wir uns die Kugel Eis nach einem anstrengenden Tag. Heißt das dann schon, dass wir uns selber enttäuschen? Oft nehmen wir uns vor, mindestens zweimal die Woche ins Fitnessstudio zu gehen. Manchmal klappt das einfach nicht so wie geplant, und wir denken sofort: »Ich hab einfach keine Disziplin.« Dabei vergessen wir, dass wir doch eigentlich jetzt öfter die Treppe nehmen oder mit dem Rad zur Arbeit fahren, dass wir gerade superviel Zeit an der frischen Luft verbringen oder allgemein viel mehr draußen sind. Wir übersehen unsere kleinen Veränderungen manchmal, weil das Gefühl der Enttäuschung zu sehr überwiegt. Wenn wir eine Herausforderung mal nicht so meistern wie erhofft oder wir für Aufgaben länger brauchen als andere, dann hat das einen guten Grund. Dann war der Umweg notwendig oder es war einfach nicht die richtige Zeit dafür.

Doch wie fühlt es sich an, von anderen Menschen enttäuscht zu werden? Oder viel mehr, sich selbst in einem anderen Menschen zu täuschen?

MIT ANDEREN MENSCHEN IN BEZIEHUNG ZU SEIN IST EINER DER WICHTIGSTEN ASPEKTE UNSERES LEBENS.

Uns mit anderen Menschen zu verbinden ist deshalb so wichtig, weil unsere Beziehungen uns so viel von uns selbst sichtbar machen. Doch die Beziehungen mit Menschen wären ja nicht das größte Erfahrungsfeld, wenn darauf nur positive Gefühle Platz hätten. Auch die schwierigen, negativen, schmerzhaften Gefühle finden hauptsächlich zwischen Menschen statt. Deshalb entstehen Kriege, Neid, Hass, all die Gewalt in der Welt. Und hier sind auch die Enttäuschungen einzusortieren.

Enttäuschungen entstehen dann, wenn sich unsere Hoffnungen oder Erwartungen nicht erfüllen. Kennst du diesen superschlauen Spruch »Man soll keine Erwartungen haben, dann wird man auch nicht enttäuscht«? Man sollte nur Hoffnungen haben, dann entstehen Wunder. Und das ist Bullshit! Wenn ich nur Hoffnungen habe, entstehen doch nicht nur Wunder. Was ist, wenn sich diese Hoffnungen nicht erfüllen? Und wieso sollte ich keine Erwartungen an andere Menschen haben dürfen? Ich habe Erwartungen, natürlich, und für viele Menschen sind diese auch zu hoch.

Aber Erwartungen zu haben finde ich deshalb so superwichtig, weil sie uns zeigen, wie sehr wir uns selbst lieben. Wenn ich Erwartungen an einen anderen Menschen habe, dann, weil ich weiß, was mir wichtig ist und wie wichtig ich mir auch selbst bin. Denn das sind ja die Werte, mit denen ich mich umgeben möchte, die gut für mich sind. Ich erwarte zum Beispiel in jeder meiner Beziehungen Ehrlichkeit, und wenn sich jemand von dieser Erwartung überfordert fühlt, darf er mein Leben gerne verlassen. Denn ich möchte mich nur mit Menschen umgeben, die diese Erwartung auch ernst nehmen. Natürlich liegt es in meiner Verantwortung, dann auch zu gehen, wenn keine Ehrlichkeit in der zwischenmenschlichen Beziehung stattfindet. Vielleicht wird aber auch die Wortinterpretation hier unterschiedlich ausgelegt. Die einen nennen es Erwartungen, die anderen Grundvoraussetzung oder Hoffnung. Für mich ist und bleibt es eine Erwartung, die ich an andere habe.

Lass mich dir ein anderes Beispiel aufzeigen: Ich reserviere einen Tisch in einem angesagten und teuren Restaurant, ziehe mein schönstes Kleid an und freue mich auf diesen Abend. Das Essen schmeckt nicht, die Bedienungen sind unfreundlich. Das enttäuscht mich. Meine Begleitung lächelt mich an und sagt »Na ja, wenn man keine Erwartungen hat, kann man nicht enttäuscht werden.«
Wirklich? So funktioniert das Leben? Ich sehe das nicht so. Wenn ich so viel Geld für Essen bezahle und das Restaurant überall mit höchstem Lob ausgezeichnet wird, erwarte ich auch einen gewissen Service und Leistung. Vielleicht liegt das daran, dass ich selbst Dienstleisterin bin und immer hoffe, dass andere ihren Job genauso ernst nehmen wie ich. Doch mal ehrlich, das ist doch in jedem Bereich so. Buche ich einen Urlaub in einem Fünf-Sterne-Luxushotel und stelle fest, dass die Zimmer eher dem Drei-Sterne-Standard entsprechen, der Pool dreckig und das Essen nicht zufriedenstellend ist, bin ich enttäuscht. Ich habe mich in dem, was ich gebucht habe, getäuscht. Meine Erwartungen wurden nicht erfüllt. Ist es jetzt also Sinn und Zweck, komplett ohne Erwartungen durchs Leben zu laufen?

Meiner Meinung nach wären mein Leben und die Entscheidungen, die ich treffe, dadurch emotionsloser.

Was passiert, wenn sich in Beziehungen unsere Erwartungen nicht erfüllen? Wir beginnen, bei uns selbst zu suchen, das ist auch wichtig. Aber dann machen wir oft den Fehler, Eigenschaften zu verändern, die wir eigentlich an uns mochten. Wir fragen uns Dinge wie:»Bin ich nicht richtig, wie ich bin?« – »Was mache ich falsch?« oder:»Habe ich zu hohe Erwartungen?«

Wir beginnen mit diesen Fragen, kleine Löcher in unsere Persönlichkeit zu schneiden. Wir entfernen uns von uns selbst. Wir verlassen unsere eigene Spielfeldhälfte und agieren auf der des anderen. Anstatt bei uns zu bleiben und uns zu fragen:»Bin ich gerade ehrlich zu mir selbst? Will ich das? Will ich das wirklich? Wie geht es mir jetzt genau in diesem Moment?«, versuchen wir oft Verständnis für den anderen zu suchen, rennen immer wieder auf diese Mauer aus Schmerz und Enttäuschung zu. Besser wäre es, wenn wir bei uns bleiben und gute Entscheidungen für uns treffen würden.

Das Gefühl von Enttäuschung ist kein schönes, aber ich denke, dass es zum Leben dazugehört. Wir müssen diese Erfahrungen machen, damit sich unsere Persönlichkeit formen kann. Doch achte darauf, dass du dir den Schmerz nicht immer zu sehr zu Herzen nimmst. Frustrierte Menschen tun frustrierende Dinge, und meistens verletzen uns diese impulsiven Handlungen am meisten. Ich nehme es oft zu schnell persönlich, wenn Menschen, die mir wichtig sind, Dinge tun, die nicht zuverlässig oder fair sind. Dabei verliere ich mich dann ganz schnell in diesem »Das-ist-so-unfassbar-enttäu-

schend«-Gefühl. Dann muss ich mich erinnern, dass es auch anders geht.

Du kannst auch diese Gedanken probieren:

Welche Auswirkung hat das Verhalten einer anderen Person wirklich auf mein Leben? Wenn ich morgen früh aufwache, wie wird sich mein Leben verändern, nur weil dieser Mensch jetzt so denkt?

Welche Vorteile hat es für mich, dass sich die Situation jetzt so verändert hat? Welche Erkenntnis habe ich bekommen, die ich vorher nicht hatte? (Vielleicht hat sich eine neue Seite von jemandem gezeigt, die dir vorher fremd war und dich warnen sollte.)

Wie ehrlich bist du zu dir selbst? Bist du WIRKLICH ehrlich zu dir selbst?

Möchtest du Menschen mit diesen Eigenschaften in deinem Leben haben? Ist die Person, die dich gerade enttäuscht, der perfekte Umgang für dich? Sind seine/ihre Werte auch wichtig für dein Leben?

Erlaubst du dir, dein Leuchten weiterhin in die Welt zu tragen? Oder machst du dich klein, weil du glaubst, dass es andere blendet?

Wie fühlst du dich, wenn du die Augen zumachst und diesen Konflikt vollständig ausblendest? Nimmst du die Situation gerade zu ernst, weil du allgemein unzufrieden oder rastlos bist?

Wenn wir Enttäuschung erleben, beginnen wir oft eine ganz geschickte Vermeidung, um nicht fühlen zu müssen. Denn die Enttäuschung sitzt ja in unserem Herzen, unserer Brust, sie lässt uns den Schmerz fühlen. Doch der Kopf kennt keinen Schmerz. Deshalb ist es eine gute Flucht, sich dem Schmerz so zu entziehen. Mit Gedanken, Analysen, Theorien und Entwertungen klappt das alles schon viel leichter. Kopf an – Herz aus. Doch ist das auch wirklich das Richtige?

WIE FÜHLT SICH »ENTTÄUSCHUNG« FÜR DICH KÖRPERLICH AN?

WELCHE ERWARTUNGSHALTUNG HAST DU AN ANDERE? WELCHE WERTE SIND DIR IN DER BEZIEHUNG MIT ANDEREN WICHTIG?

Mein Pendeln

WENN WUNDEN ZU NARBEN WERDEN

Und dann ist es einfach irgendwann so weit. Dann spürst du in dir selbst, dass der Tag gekommen ist, an dem du dich dazu entscheidest, deine alten Geschichten nicht mehr zu erzählen. Sie dir selbst nicht mehr zu erzählen. Sie nicht mehr so zu glauben, wie du sie immer geglaubt hast. Du beginnst zwar nicht, die Tatsachen an sich zu hinterfragen, aber du stellst deine Schlüsse, die du gezogen hast, in Frage.

Ich habe mich bewusst dazu entschieden, mich durch die vielen Abweisungen und Verletzungen nicht mehr länger in Rückzug zu flüchten. Ich habe zugelassen, meine Ansichten zu verändern. Ich möchte jetzt sensibel mit meinen Gefühlen umgehen, aufhören, sie zu ignorieren und wegzudrücken, nur weil jemand anders anfängt, sie zu berühren.

Es hat mein Leben lang super funktioniert, alles wegzuschieben, keine Gefühle zuzulassen, nicht fühlen zu können. Es hatte einen Sinn. Denn wenn ein anderer Weg für meine Seele der richtige gewesen wäre, dann hätte meine Seele ihn gewählt. Doch in diesem Kapitel meines Lebens war die Gefühllosigkeit die beste Lösung. Denn ich habe gelernt, dass der Körper, die Seele, der Geist … dass sie alle immer heilen und sich entwickeln wollen. Wenn wir uns in den Finger schneiden, dann weiß unser Körper von alleine, wie diese Stelle heilt. Es braucht seine Zeit, passiert aber von ganz alleine. Und wenn unsere Seele verletzt wird, dann benötigt sie auch Zeit, um zu heilen.

Wir haben Angst davor bekommen, vor »der Zeit alleine«. Denn wenn es außen ganz still wird, wird es innen so unglaublich laut. Das auszuhalten ist anstrengend. Doch wenn wir lernen, uns selbst auszuhalten, uns zu fühlen, uns anzunehmen und nicht zu verurteilen, wenn wir lernen,

uns nicht sofort selbst zu bewerten, und erlauben, andere Menschen wirklich zu verstehen … dann haben wir die Chance, unglaublich viel zu wachsen. Alles, was es dafür braucht, ist Zeit mit uns alleine. Wenn wir das nicht in uns investieren, in was denn dann?

Ich habe mir erlaubt, es in Ordnung zu finden, in verschiedenen Abschnitten meines Lebens unterschiedlich zu handeln, zu denken oder zu fühlen. Ich habe aufgehört, mich selbst zu bewerten.

Dieser Lebensabschnitt ist jetzt zu Ende, ein neuer beginnt. Und ab jetzt erlaube ich mir, meine Geschichte anders zu erzählen. Ich bin nicht mehr das kleine, abgestoßene, missbrauchte, verletzte Kind. Oder doch, ich bin es auch. Aber ich wurde dadurch nicht zerstört, zum Schweigen gebracht, verzweifelt oder abhängig. Nein, ich erzähle die Geschichte jetzt anders. Ich wurde stark, sensibel für meine eigenen Grenzen, weich und nahbar, ich wurde zu einem Menschen, der unglaublich viel fühlen kann. Ich wurde aufmerksam für andere und eine Bereicherung für viele Menschen. Ich wurde zur Kämpferin, zur Powerfrau, ich wurde eine Heldin.

ICH HABE MIR ERLAUBT, MICH ZU ENTSCHEIDEN, MEINE GESCHICHTE JETZT NICHT NUR ANDERS ZU ERZÄHLEN, SONDERN ANDERS ZU SEHEN. ICH HABE MICH ENTSCHIEDEN, MICH FÜR MEINE GEFÜHLE UND BEDÜRFNISSE NICHT MEHR ZU RECHTFERTIGEN. SIE NICHT MEHR VON ANDREN ABHÄNGIG ZU MACHEN.

Mich nicht mehr abhängig zu machen. Es klappt nicht immer auf Anhieb, aber es wird jeden Tag besser. Denn das Leben ist ein Prozess, und wir haben aufgehört, das Leben auch als solchen zuzulassen. Wie Kathleen Winter im Buch »Annabel« (Vintage Verlag, März 2012) so treffend schrieb: People are rivers, always ready to move from one state of being into another. It is not fair to treat people as if they are finished beings. Everyone is always becoming an unbecoming.

Wunden werden erst zu Narben, wenn wir lernen, zu vergeben. Vergebung heißt nicht, dass wir allen Menschen das vergeben müssen, was sie uns angetan haben. Das dachte ich lange, und auch das zu glauben hat zu einer Phase meines Lebens gehört. Doch ich habe gelernt, dass vergeben einfach nur bedeutet, die negativen Glaubenssätze aus dieser Zeit fallenzulassen. Sich zu entscheiden, es gewesen sein zu lassen. Es nicht mehr wegmachen zu wollen. Es bedeutet, sich seine eigene Geschichte zu glauben. Sie nicht mehr verändern oder nicht mehr nicht glauben zu wollen. Wir hören auf, uns selbst nicht mehr zu glauben. Wir beginnen zu vertrauen, loszulassen, es anzunehmen. Nein, sogar uns selbst anzunehmen. Und wann immer ich zurück zu diesem Selbst komme und beginne zu zweifeln, in alte Muster zu fallen und alte Ängste hochkommen zu lassen ... ja, da lege ich meine Hand auf mein rechtes Schlüsselbein. Der Ort, der vorher der zerbrechlichste und schmerzhafteste Ort meines Körpers war – auf diese Stelle lege ich meine Hand, streichle mich sanft und sage mir: Ja, so bin ich auch. Ich darf auch mal ein paar Schritte zurückgehen und mit mir hadern, ich darf schwach werden und vermissen. Veränderung darf schleichend passieren.

Ich habe mich entschieden, den Tod von meinem Papa nicht mehr so negativ zu sehen. Ich habe mich auf seine kleinen Zeichen verlassen. Habe mir erlaubt, das Gute in den Dingen zu sehen. Ich habe begonnen, mit ihm zu kommunizieren, ihm dankbar zu sein. Ich habe ihm in mir drin ein neues Zuhause gegeben. Damals dachte ich, loslassen sei Verrat an der Liebe. Heute weiß ich, dass ich nicht loslassen musste, sondern dass die Heilung dafür viel mehr Annehmen war. Ich habe dieses Schicksal angenommen, habe mir erlaubt, es in allen Stadien zu erleben. Und ich habe entschieden, dass ich mir selbst vergeben kann. Dass ich ihm vergeben kann. Und dass ich es sein lassen kann. Ich möchte meinen Papa und unsere Zeit immer nur in Liebe sehen. Und auch, wenn ich mir viele Dinge damit schönrede, dann möchte ich auch das nicht mehr negativ werten.

Ich meine, wie schön ist es, sich alles SCHÖNzureden? Ist das nicht eine wunderbare Eigenschaft, die mit der Zeit von der Gesellschaft als etwas dargestellt wurde, was negativ oder naiv ist? Wobei wir beim nächsten Wort wären: Naivität bedeutet unverbraucht, jung, leichtgläubig. Sind nicht auch das wunderbare Eigenschaften?

VIELLEICHT WILL ICH MIR MANCHMAL AUCH EINFACH ALLES SCHÖNREDEN UND MIR DIESE GESCHICHTEN GLAUBEN.

Dann ist eine Sternschnuppe eben ein Zeichen von meinem Papa oder eine geendete Beziehung ist dafür gut, dass ich eine Aufgabe in mir lösen musste.
Dann interpretiere ich in einen Stau eben ein Zeichen vom Universum, damit ich Zeit für mich habe und mal eine Pause mache.
Dann glaube ich eben an Energien und den Sinn hinter allem.

Wenn ich damit doch so viel besser, glücklicher und glücklicher und entspannter lebe, bin ich mit Stolz richtig gut darin, mir alles schönzureden. Denn was bedeutet das Wort »schönreden« eigentlich? Es bedeutet, das Schöne in den Dingen zu sehen. Über das Schöne zu sprechen. Es heißt nicht, alles wegzureden, sondern es bedeutet, das Ganze in einem anderen Licht zu sehen. In der heutigen Gesellschaft sagen die Leute oft »Ja komm, das redest du dir schön« und meinen damit, dass wir naiv sind oder der Wahrheit nicht wirklich ins Auge blicken. Doch das stimmt nicht ganz. Wir reden das Negative dadurch nicht weg, wir ändern nur die Perspektive, aus der wir die Situation sehen. Es gibt viele Momente, in denen mir Papa fehlt, in denen es schlimm ist, dass er nicht da ist. Doch es gibt mehr Momente, in denen ich die Zeichen, die er mir schickt, als wertvoll erachte und dankbar bin. Es ist Betrachtungssache, ob wir die Dinge positiv oder negativ sehen. Wir entscheiden uns für beides und wechseln zwischen den beiden Zuständen hin und her.

Die letzten Jahre haben mich unglaublich viel Energie gekostet. Ich habe nicht nur sieben Jahre ambulante und zwanzig Wochen stationäre Therapie hinter mir, nein, ich habe fast schon ein Leben hinter mir gelassen.

Ich habe meinen Papa beim Sterben begleitet, den Mann meiner Träume geheiratet, meine Familie losgelassen, die Welt bereist, ich habe schlimme Nächte in Krankenhäusern verbracht, an fremden Betten oder selbst als Patient. Ich habe jede freie Minute Zeit in mich selbst investiert, habe unglaublich viel Geld verdient und fast jeden Cent davon für meine Lebensqualität ausgegeben. Ich bin ausgebrochen, weggerannt, habe nachgegeben, mich halten lassen, habe gelernt, mich anzuvertrauen, gelernt, mir selbst zu vertrauen. Und begonnen, das in mir selbst zu finden, was ich mein Leben lang im Außen gesucht habe.

Ich habe begonnen, mich selbst zu lieben. Denn das war ich mir nach all diesen Jahren wirklich schuldig. Ich habe mich um meine Wunden gekümmert, das hat unglaublich viel Zeit gebraucht. In dem Märchen der Traurigen Traurigkeit von Inge Wuthe geht es genau darum. Die Traurigkeit sagt: »... will ich den Menschen ein Nest bauen, in das sie sich fallen lassen können, um ihre Wunden zu pflegen. Wer traurig ist, ist ganz dünnhäutig und damit nahe bei sich. Diese Begegnung kann sehr schmerzvoll sein, weil manches Leid durch die Erinnerung wieder aufbricht wie eine schlecht verheilte Wunde. Aber nur, wer den Schmerz zulässt, wer erlebtes Leid betrauern kann, wer das Kind in sich aufspürt und all die verschluckten Tränen leerweinen lässt, wer sich Mitleid für die inneren Verletzungen zugesteht, der, verstehst du, nur der hat die Chance, dass seine Wunden wirklich heilen. Stattdessen schminken sie sich ein grelles Lachen über die groben Narben. Oder verhärten sich mit einem Panzer aus Bitterkeit.« (Auszug mit freundlicher Genehmigung der Autorin)

Heilung braucht eine Menge Mut und Loyalität. Es geht nicht nur darum, das zu vergeben, was passiert ist, es geht vielmehr darum, dich selbst zu akzeptieren, mit allem und bedingungslos. Zu verstehen, dass da immer wieder Tage kommen werden, die frustrierend und hart sind, an denen wir einfach alleine sein und aufgeben möchten, an denen wir wieder zweifeln. Tage, an denen wir den zerbrochenen und verletzten Anteilen in uns mehr Raum geben müssen. In dem Film »Into

Dir deine eigene Geschichte zu glauben und dich vollständig dafür selbst anzuerkennen, ist eines der aufrichtigsten und tapfersten Dinge, die du in deinem Leben tun kannst.

the Wild« heißt es: »Die Zerbrechlichkeit von Kristall ist keine Schwäche, sondern eine Feinheit.« Und so sehe ich das auch. Traurigkeit, Feinfühligkeit, Zerbrechlichkeit oder auch Sensibilität gehören auch zu uns. Sie sind ein großer Teil unserer vielen verschiedenen Gefühlsfacetten. Wir werden stolpern, und wir werden wieder aufstehen. Aber es ist am wichtigsten, dass wir uns darüber bewusst sind, dass egal wie stark wir zu sein glauben, egal wie hoch unsere Limits sind und wie viel zu tun ist, wir einfach immer wissen, dass wir uns auch Zeit zum Heilen nehmen müssen. Wir brauchen dieses Gleichgewicht.

BEIM HEILWERDEN GEHT ES DARUM, EIN BISSCHEN GANZ UND EIN BISSCHEN ZERBROCHEN ZU SEIN. ICH MÖCHTE GAR NICHT, DASS DIESE WUNDEN SICH FÜR IMMER VERSCHLIESSEN UND ICH EINES TAGES AUFWACHE UND ALLES SO IST, ALS WÄRE NIE ETWAS GEWESEN. ICH MÖCHTE DIESE SCHWACHSTELLEN IN MEIN LEBEN INTEGRIEREN.

Und ich glaube, das war immer meine Angst. Ich hatte Angst, eine Therapie würde mir meine Depression wegnehmen. Dabei hat sie mir doch so viel über mich beigebracht und mich so nah zu mir selbst gebracht. Ich hatte Sorge, dass mir ein Teil von mir selbst fehlen würde, wenn die Dunkelheit sich mit langsamen Schritten immer mehr aus meinem Alltag entfernen und das Licht an deren Stelle einkehren würde. Und ich denke, darin liegt die Ironie des Ganzen. Eigentlich wollen wir unsere negativen Anteile verarbeiten, wir wollen den Schmerz loslassen, wir wol-

len gesund leben. Doch wenn wir dann die Möglichkeit dazu haben, unser Leben selbst in die Hand zu nehmen und wirklich Heilung zu erfahren, haben wir entweder Angst oder beginnen diesen Weg nicht mit dem ersten Schritt. Stattdessen zweifeln wir oder wollen, wie in meinem Fall, diesen Teil gar nicht mehr hergeben.

Du weißt jetzt schon, dass es das Pendeln ist, was es immer wieder verhindert, dass wir stehen bleiben. Es hält uns am Leben. Nur wer die Einsamkeit erforscht hat, wird Gemeinsamkeit mehr zu schätzen wissen. Nur wer Krankheit kennt, wird Gesundheit zu pflegen wissen. Es bedingt sich alles in unserem Leben. Jede Seite kann uns etwas über die jeweiligen Vorteile lehren und uns im gleichen Atemzug auch das Entwicklungspotential der anderen Seite zeigen.

Es ist die Art und Weise, wie wir es betrachten, aus welchem Winkel wir das Licht auf die Situation werfen. Wenn wir den Wunsch nach mehr Balance in unserem Leben haben, haben wir oft diese perfekte, statische Yoga-Pose im Kopf, in der wir unsere Mitte exakt halten und komplett ausbalanciert sind. Doch das ist nicht Balance. Balance bedeutet, einen Spielraum zu haben. Einen Bereich, in dem wir schwingen dürfen. Wenn wir uns einen Seiltänzer vorstellen: Auch er breitet die Hände aus, spürt die beiden Seiten und findet seine Mitte.

Für uns geht es im Leben auch darum, unsere Mitte zu finden, und am besten finden wir diese, wenn wir uns erlauben, beide Seiten erkunden zu dürfen.

Mein Pendeln

»Beim Heilwerden geht es darum, unsere Herzen zu öffnen, nicht sie zu verschließen. Es geht darum, die Stellen in uns, die die Liebe nicht einlassen wollen, weich zu machen. Heilung ist ein Prozess. Beim Heilwerden schaukeln wir hin und her, zwischen dem Schweren der Vergangenheit und der Fülle der Gegenwart, und bleiben öfter in der Gegenwart. Es ist das Schaukeln, das die Heilung bewirkt, nicht das Stehenbleiben an einer der beiden Stellen. Der Sinn des Heilwerdens ist nicht, für immer glücklich zu werden: Das ist unmöglich. Der Sinn der Heilung ist, wach zu sein und sein Leben zu leben und nicht bei lebendigem Leibe zu sterben. Heilung hängt damit zusammen gleichzeitig ganz und zerbrochen zu sein.«
Gene Roth

Weiblichkeit + Sexualität
FINDE DEINE INNERE GÖTTIN

Wir Frauen haben in der heutigen Zeit eine nicht ganz so einfache Position. Auf der einen Seite sind wir dankbar für die Emanzipation, leben unsere Potentiale, können mit Männern gleichgestellt sein. Das war vor vielen Jahren noch eine ganz andere Situation. Wir Frauen sind heute Superwoman, wir können alles, dürfen alles, ergattern die großen Jobs, managen Familie und Beruf, sind Allroundtalente und vor allem eins: unabhängig. Wir wissen die Vorzüge eines Mannes an unserer Seite zu schätzen, legen aber auch viel Wert darauf, dass jeder weiß: Wir würden natürlich auch alleine zurechtkommen! Ich war eine dieser Frauen.

Es hatte immer wieder mal Berührungspunkte in meinem Leben mit meiner inneren Sanftheit & Weiblichkeit gegeben, doch ich spürte in einem ganz bestimmten Moment, dass jetzt der richtige Zeitpunkt war, mich der Sache anzunähern. Denn ich erkannte, dass ich mich mit all meiner Selbstständigkeit, meinem Selbstbewusstsein und meinem hohen Funktionsniveau unheimlich viel in männlichen Energien bewegte. Doch lass mich dazu etwas ausholen.

In meinem Leben habe ich immer ein sehr hohes Funktionsniveau gehabt. Geht

nicht – gibt's nicht! Ich bin zielstrebig, selbstbewusst, taff und gebe superungern die Kontrolle ab. Warum auch? Am besten kann ich eigentlich alles alleine. Was nicht bedeutet, dass ich andere Menschen nicht brauche. Ohne Beziehungen würde ich eingehen. Es gibt für mich wenig im Leben, was mir so wichtig ist, wie in Beziehung mit Menschen zu sein. Mich mit ihnen zu verbinden, sie zu fühlen, mich mit ihnen zu entwickeln. Doch im Umsetzen bin ich eigentlich ganz gern alleine. Eine echte Macherin. Diese Energie hat sich schon immer durch mein Leben gezogen, doch mit der Zeit merkte ich, wie sehr ich mich danach sehnte, mal Verantwortung abzugeben.

Wie schön war die Vorstellung, einen Bereich in meinem Leben zu finden, in dem ich mich wirklich hingeben könnte. Wenn Kontrolle das eine Extrem ist, wie würde sich Loslassen auf der anderen Seite anfühlen?

Ich glaube, dass viele Frauen mehr mit männlichen Energien verbunden sind. Das sind die Anteile in uns, die führen, entscheiden, handeln und zielgerichtet oder mit viel Struktur an die Dinge herangehen. Die weiblichen Energien in uns sind eher passiv, hingebungsvoll, kreativ, emp-

Vielleicht solltest du
beginnen, deinen Körper für
das zu lieben, was er kann.
Anstatt ihn für sein Aussehen
zu bewerten.

fänglich und erschaffend. Die weibliche Seite in uns ist eher weich und sanft. Das heißt nicht, dass alle Männer nur männliche Anteile haben und Frauen nur weibliche. Das Ziel einer reifen und entwickelten Persönlichkeit ist es, beide Anteile in dir in Einklang zu bringen. Das kannst du dir ein wenig wie Yin und Yang vorstellen. Ganzheitlich sind wir dann, wenn uns die verschiedenen Anteile in uns bewusst sind und wir sie sinnvoll und intuitiv richtig leben und verstehen können.

ICH GLAUBE FEST DARAN, DASS DAS LEBEN FÜR UNS IMMER DAS BESTE BEREITHÄLT. UND DAS BEDEUTET NICHT, DASS ALLES, WAS UNS PASSIERT, IMMER GUT UND SCHÖN IST.

Manchmal braucht es auch ein paar Schicksalsschläge oder Herausforderungen, damit wir unsere Persönlichkeit wieder mehr entwickeln und reifen lassen können. Und so ist das auch mit der Verbindung zu anderen Menschen.
Es kommen immer die Menschen in unser Leben, die uns etwas lehren können, entweder über das Leben oder über uns selbst. Das sind dann die Menschen, bei denen es sich direkt anfühlt, als würde man sich schon ewig kennen, als wäre da schon eine Verbindung. Ich nenne sie Seelenverbindung. Es muss nicht unbedingt der Mensch sein, der dein perfektes Gegenstück ist oder sich am besten in dein Leben fügt. Es kann auch jemand sein, der dein Leben komplett durcheinanderwirft oder mit so gar nichts wirklich kompatibel ist. Es hat trotzdem einen Grund, warum dieser Mensch genau jetzt in dein Leben kommt. Ich glaube allerdings nicht, dass sich Seelen aus vorherigen Leben finden, um etwas in der Gegenwart aufzulösen. Das ist mir zu esoterisch. Denn das würde sofort wieder implizieren, dass die Menschen, die in dein Leben treten, eine Aufgabe haben. Und eine Aufgabe bedeutet, man muss etwas lösen, etwas machen. Diese Macher-Energie ist genau das, was ich so dringend einmal ablegen wollte. Einen Menschen treffen und mit meiner Sehnsucht bei ihm in einem Hafen ankommen. Das ist doch tausendmal schöner, als sofort wieder den Druck zu haben, etwas Altes aufzulösen. Seelenverbindungen dürfen sich leicht anfühlen, sie dürfen auftanken, anstatt zu fordern.

Und wie das mit dem lieben Universum so ist, trat ein Mensch in mein Leben, der mich, mein ganzes Sein und vor allem meine Hingabe komplett veränderte.
Dieser besondere Mensch veränderte mein Leben deshalb so intensiv, weil er das tiefste Bedürfnis meiner Seele erkannte und sich damit verbunden hat. Ich durfte erfahren, was es bedeutet, beschützt zu sein. Ich wollte auch einfach mal klein sein dürfen. Ich wollte »einfach mal loslassen«. Doch mal ganz ehrlich, Hand aufs Herz, wer von uns kann denn »einfach mal alles loslassen«?

LOSLASSEN IST EINE DER SCHWIERIGSTEN AUFGABEN, DIE WIR HABEN. ES BEDEUTET, SICH EINZULASSEN, ZU FÜHLEN, SICH HINZUGEBEN.

Das braucht viel Vertrauen, einen sicheren Rahmen und vor allem eine Menge Mut. Ich würde lügen, wenn ich sagen würde, dass alles wie im Bilderbuch verlief. Loslassen und zulassen bedeutet, dass wir unseren sicheren Hafen verlassen und uns in ein neues, unbekannteres Gebiet begeben. Es ist unsicher, es ist anspruchsvoll. Doch für mich war es diese Reise es definitiv wert.

Ich hatte das Gefühl, dass da endlich ein Gegenüber war, was auch mal die Notbremse zog. Jemand, der mir auch mal sagte, dass gewisse Sachen so einfach nicht möglich waren. Plötzlich war da jemand in meinem Leben, vor dem ich Schwäche zulassen konnte, bei dem ich mich fallenlassen konnte. Da war jemand, der meiner emotionalen Sensibilität gewachsen war.

Jetzt denkst du dir vielleicht, dass das superkomisch klingt, denn wieso war mein Wunsch nach dieser »Schwäche« so groß? Seit ich sechzehn war, habe ich in meinem Leben unfassbar viele Erfolge gehabt. Ich habe unzählige Fotoshootings in vielen verschiedenen Ländern gemacht, habe Vorträge vor Hunderten Menschen gehalten, erfolgreiche Produkte gelauncht, Workshops gegeben, Seminare gehalten und für mein junges Alter wirklich viel Geld verdient. Doch ich meine nicht einmal diese Erfolge.

Ich habe es auch als Erfolg empfunden, mir nach einem Bandscheibenvorfall alleine die Schuhe binden zu können. Einen Menschen bis zu seinem letzten Atemzug begleiten zu dürfen. Oder im richtigen Moment die Reißleine zu ziehen und mich für mich und meinen Körper zu entscheiden, anstatt wieder in Funktion und Stress zu verfallen.

Erfolg ist Definitionssache. Wenn du erfolgreich sein möchtest, solltest du dich als Erstes fragen, was Erfolg eigentlich für dich bedeutet. Für viele von uns ist Erfolg ein Kontostand oder ein dickes Auto vor der Tür, für andere ein persönlich erreichtes Ziel.

ERFOLG BEDEUTET FÜR MICH, DEM NACHGEHEN ZU DÜRFEN, WAS MEIN HERZ MIR SAGT.

Das kann auf der einen Seite heißen, morgens eine halbe Stunde länger im Bett liegen zu bleiben, auch wenn der Wecker schon lange geklingelt hat. Auf der anderen Seite vielleicht auch, sich etwas leisten zu können, für das man hart gearbeitet hat. Oder einfach einmal nichts zu tun. Ja, manchmal fühle ich mich am erfolgreichsten, wenn ich mittags im Garten in der Sonne liege, Erdbeeren esse und meinen Hund Taxi kraule. Das sind die Momente, in denen ich weiß: Ich bin glücklich, gesund und erfolgreich. Weil ich genau das tun kann, was mir mein Herz sagt. Erfolg ist das, was folgt, wenn du dir selbst folgst.

Und wie schön war es, nach all den Erfolgen, Kämpfen und Erfahrungen, bei jemandem anzukommen. Am Ende des Tages im Arm von jemandem zu liegen, der bei all dem Kampf und all dem Erfolg auch deine kleine, weiche Seite erkennt. Der sieht, wie viel Anstrengung der Erfolg auch kostet und wie viel Herausforderung es manchmal ist, immer positiv zu denken. Jemand, der dir einfach mal Entscheidungen abnimmt und sich stark und schützend vor dich stellt und sagt: »Stopp. Hier ist eine Grenze, und ich schütze dich jetzt.« Es hat mich unendlich erfüllt, diesen Schutz und die Fürsorge so intensiv zu spüren – und für mein Leben gesehen, so viel in dieser Rolle nachzuholen. Denn klein und bedürftig war ich wirklich nie. Aus meinem Leben bisher kannte ich es, alle Entscheidungen alleine und schnell zu treffen, immer verantwortlich zu sein und nicht zuzulassen, dass auch ich mal eine starke Schulter zum Anlehnen brauchte.

Podcastfolge:
Leben nach der Pille

Oftmals finden wir unsere
Haut nicht schön. Dabei ist
sie unser größtes Organ. Sie
ist vielschichtig, robust, sanft
und schützend.

Ich dachte immer, ich brauche das alles nicht.

Doch mit ihm war die Zeit, in der ich ganz viele weibliche Anteile nachholen durfte. Ich habe mich einfach gefügt, ich habe mich führen lassen, ich konnte geben und nehmen, mich sehr, sehr intensiv um mich selbst kümmern, mich hingeben und mich begehren lassen. In dieser Zeit habe ich sehr viel Verantwortung abgegeben.

Diese Zeit hat mich weich werden lassen, denn in diesem Abschnitt meines Lebens hat die kleine Alexandra besonders viel Liebe und Zuneigung bekommen. Ich bin für diese Erfahrung unendlich dankbar. Denn das ist das, was ich jetzt schon so oft mit dem Pendeln beschrieben habe. Ich bin ein bisschen verhärtet, weil ich in dieser »Macher-Energie« festgesteckt habe. Einmal auf die andere Seite zu pendeln und mich wirklich klein und beschützt zu fühlen, hat mich sehr viel über mich selbst gelehrt und ein Gleichgewicht hergestellt, das mir vorher gefehlt hat. Letztendlich weiß ich jedoch, dass sich das Leben mit all den großen Pendelbewegungen irgendwann auch wieder zentrieren muss. Pendeln ist auf Dauer auch anstrengend, es erfordert Vertrauen und Mut. Es ist wichtig, dass du einen Menschen findest, der dich in deinem ganzen Facettenreichtum annehmen kann. Jemanden, vor dem du auch leuchten und wachsen darfst. Jemanden, der sich nicht davon bedroht fühlt, wenn du über dich hinauswächst. Es werden immer neue Menschen in dein Leben kommen und es auch wieder verlassen. Doch jeder Mensch wird in deinem Herzen ein Geschenk hinterlassen. Und es ist deine Entscheidung, dieses Geschenk zu leben.
Ich habe in dieser Zeit meine Weiblichkeit aufblühen lassen. Es fühlt sich rückblickend fast so an, als hätte ich ganz viel Zeit gehabt, sie auszubrüten.

Da war sie also, meine Sanftheit. Ich hatte so unglaublich viel Lust, sie zu erkunden, mich in sie fallen zu lassen. Mich zu öffnen und weich werden zu lassen, für all die Erfahrungen, die da noch kommen würden. Für mich begann das in den kleinen Momenten. Ich begann das, was ich schon immer in meiner Seele spürte, jetzt auch nach außen zu tragen. Mich anzuvertrauen, mich vom Leben führen zu lassen. Mich hinzugeben und einzulassen. Ich lernte endlich zu weinen. Gott, ich habe in diesem Jahr meines Lebens mehr geweint als in den zehn Jahren zuvor.

In dieser Zeit befand sich auch meine Ausbildung zur kreativen Tanz- und Ausdruckstherapeutin auf dem Höhepunkt. In einem der vielen Seminare entdeckte ich eines Tages plötzlich mein Becken. Das klingt jetzt so, als hätte ich mein Leben lang ohne mein Becken gelebt, und irgendwann stand es vor der Tür und begrüßte mich winkend: »Hallo, Alexandra, ach, du auch hier? Schön, dich kennenzulernen!«
Doch ehrlich gesagt, war es genau so. Es war ein Moment, der mir komplett den Boden unter den Füßen weggezogen und mir gleichzeitig so viel Halt gegeben hat. Mein Becken. Das Zentrum meiner Weiblichkeit, meine Körpermitte, das Zuhause meines Bauchgefühls, das Zentrum für Sexualität. Wie konnte ich diesem zentralen Punkt meiner Selbst so wenig Aufmerksamkeit schenken? Wir lebten so ein bisschen belanglos nebeneinanderher. »Jo, Becken sitzt an der richtigen Stelle. Taugt, läuft, macht keine Beschwerden. Alles okay.« Wie dramatisch!

Mein Becken zu erkunden, eröffnete mir eine neue Dimension. Ich begann, jeden Morgen mit geschlossenen Augen zu tanzen. In mein Becken zu fühlen, meine Hände aufzulegen, bewusst in mein Becken zu atmen, es anzunehmen. Ich entdeckte die Beweglichkeit, die Kraft, das Facettenreichtum und vor allem, die Sehnsucht. Es war der Moment gekommen, mein Becken wollte Entfaltung!

Also begann ich, mir schöne Unterwäsche zu kaufen und viel tanzen zu gehen. Ich habe mich mit anderen Frauen verbunden, Seminare und Workshops zum Thema Sexualität, Tantra und Menstruation besucht, Bücher gelesen und für mich definiert, was Weiblichkeit wirklich bedeutet. Ich habe entdeckt, dass da eine ganz unbekannte Welt ist, in der es so viele spannende Bereiche gab. Und plötzlich hatte auch der Gedanke, Mama zu werden, eine ganz neue Bedeutung. Wie magisch muss das Gefühl sein, wenn in deinem eigenen Körper, in der Körpermitte, in deinem Becken … eigenes Leben wachsen darf? Ein Leben, das sich aus deinem Körper nährt, eine Seele, die ihr eigenes Zuhause in deinem Zuhause entwickelt? (Ich sitze gerade in Thailand bei 35 Grad am Pool und habe Gänsehaut. Dieses Gefühl ist einfach so unvorstellbar, dass ich kaum Worte dafür finde.)

ICH ENTDECKTE EBENFALLS GANZ NEUE FACETTEN IN DER SELBSTBEFRIEDIGUNG. WENN WIR DAS WORT SELBSTBEFRIEDIGUNG MAL AUSEINANDERNEHMEN, BEDEUTET ES NICHT MEHR, ALS UNSERE EIGENEN BEDÜRFNISSE SELBST ZU BEFRIEDIGEN.

Ich orientiere mich an den Impulsen, die mein Körper mir sendet. Sexualität ist für mich eine der wichtigsten und intensivsten Bereiche meines Lebens. Und damit meine ich nicht, dass Sex für mich das Wichtigste in einer Beziehung ist, sondern ich sehe es ganzheitlicher. Wenn du mit dir selbst im Reinen bist, wenn du deinen Körper und dessen Bedürfnisse kennst, wenn du dich Lust und Liebe fühlen lassen kannst und es dir erlaubst, dich auf dich einzulassen, dann wirst du verstehen, was ich meine, wenn ich sage, dass Sexualität einer der größten Bereiche der persönlichen Entfaltung ist.

Wann beginnt Sexualität, und wann endet sie? Sexualität beginnt bereits mit unserer Entstehung. Ohne Sexualität gibt es kein Leben. Sie endet nicht mit den Wechseljahren, das ist ein Trugschluss. Sie endet dann, wenn wir uns entscheiden, uns nicht mehr attraktiv und weiblich zu fühlen. Traurig ist, dass so viele Frauen die Tiefe und Gipfel ihrer eigenen Sexualität nie erreichen werden, weil wir uns bremsen lassen. Nicht vom Außen, vermutlich nicht mal von der Gesellschaft. Sondern von unseren eigenen Gedanken und Ängsten.

Ich habe Freundinnen, die haben sich keine fünf Mal in ihrem Leben selbst befriedigt. Dabei ist Selbstbefriedigung einer der schönsten Bereiche der Selbstliebe. Es muss keine orgasmusorientierte Bedürfnisbefriedigung sein, Selbstbefriedigung darf leicht und weich sein, warm und liebevoll. Und hier kannst du einmal für dich selbst überprüfen, wie oft kümmerst du dich um diese Leidenschaft? Wie oft nimmst du dir die Ruhe für deine Sinnlichkeit?

Gerne erzähle ich dir von meinen Ritualen: Jeden Abend, bevor ich zu Bett gehe, verwandle ich mein Schlafzimmer in einen Tempel. Ich zünde ein Räucherstäbchen und viele Kerzen an, dimme das Licht und mache ruhige Musik an. Dann gehe ich ins Bad, mache mich bettfein und schlüpfe nackt in meinen warmen Bademantel, der tagsüber über der Heizung hängt. Und dann betrete ich meinen Tempel.

Ich lege mich ins Bett, nehme mir mein Massageöl und beginne, mich zu streicheln und an den Stellen zu massieren, die gerade Liebe brauchen. Nach langen und anstrengenden Bürotagen sind das meist meine Handgelenke und mein Nacken. An Tagen, an denen ich viel gelaufen bin, massiere ich mir liebevoll meine Füße und Oberschenkel. Wenn ich das Gefühl habe, den ganzen Tag sehr viel funktioniert zu haben, berühre ich abends meinen Herzraum, meine Schlüsselbeine, meine Brust und meinen Bauch. Ich fühle in mich, spüre meinen Körper und nehme mir Zeit, ihm Aufmerksamkeit zu schenken. Dabei schicke ich ihm ganz bewusst gute Gedanken. Ich berühre meinen Bauch und denke »Geborgenheit«, ich spüre mein Herz und denke »Liebe«. Manchmal schicke ich auch ganze Sätze in meinen Körper: »Danke, dass du heute so gut mit mir zusammengearbeitet hast«, »Danke, liebes Herz, dass ich mich auf dich immer verlassen kann.«

»Danke, dass ihr mich durch mein ganzes Leben tragt«, denke ich oft, während ich meine Fußsohlen einöle. Vor allem wenn ich krank bin oder an einer Körperstelle mehr Druck oder Spannung vorhanden ist, nehme ich mir Zeit, ganz viel »Gesundheit, Licht und Liebe« an diese Stelle zu schicken. Über meinem Bett hängt ein Bilderrahmen mit dem einfachen Wort »Heilung«. Jede Nacht unter dieser Energie zu schlafen, lässt mich ruhig und zu-

versichtlich sein. Manchmal habe ich Lust darauf, mich nach diesen Massagen auch intensiver zu streicheln, ich spüre Lust und möchte ihr nachgehen. Manchmal liegt der Fokus einfach nur auf der Entspannung und darauf, mir etwas Gutes zu tun. Ich habe dabei keinen Druck, ich lasse es einfach fließen. Meine Intuition zeigt mir den Weg.

Dieses Ritual mache ich wirklich jeden Abend, wenn ich zu Hause schlafe. Es ist magisch, die Zeit gehört nur mir. Manchmal zeigt sich erst abends, wie viel Stress ich tagsüber hatte. Mein Körper hat sich daran gewöhnt, er hält einfach tagsüber gut durch, da er ja weiß, dass er abends wieder seine Wohlfühlzeit bekommt. Eine ähnliche Zeit nehme ich mir morgens. Bevor ich die Augen aufmache, gehe ich kurz durch meinen Körper, frage mich, wie es mir gerade geht, und schenke mir ein Lächeln! Wirklich! Probiere es mal aus, morgens als Allererstes mit einem Lächeln den Tag zu beginnen, noch bevor du die Augen öffnest. Du programmierst deinen Körper schon direkt auf Glück!

Wenn du in einer Beziehung lebst und ihr eine gemeinsame Wohnung habt, sind solche Rituale vielleicht nicht immer so möglich. Trotzdem kannst du dir Zeiten nehmen, in denen du dich nur um dich kümmerst, zum Beispiel in der Badewanne oder mal eine halbe Stunde (vielleicht auch mit einem Buch) ins Bett zurückziehen, um dich intensiver zu spüren.

Für manche Männer ist es eine Kränkung, wenn ihre Freundinnen sich selbstbefriedigen. Doch das ist Blödsinn! Die Frauen, die sich und ihre Bedürfnisse kennen, die sich gerne Zeit für ihren Körper nehmen, strahlen das auch nach außen aus.

SELBSTBEFRIEDIGUNG IST KEIN ERSATZ FÜR SEXUALITÄT IN DER PARTNERSCHAFT. SIE ERWEITERT NUR DAS FELD DER MÖGLICHKEITEN. SICH SELBST ZU BERÜHREN UND ZU ERFORSCHEN, WIRD DEN SEX IN DER BEZIEHUNG AUCH VERÄNDERN.

Mit all diesen Ritualen habe ich einen Bezug zu meiner Weiblichkeit bekommen, den ich nicht mehr abschalten kann und möchte. Mein Körper, meine Sexualität und meine Bedürfnisse haben einen unvergleichbar hohen Stellenwert in meinem Leben bekommen, den ich immer weiter erforschen möchte. Sexualität ist für mich die Verkörperung vom Pendeln. Es ist eine Art Spiel mit Gegensätzen, in dem ich mich immer wieder neu erfahren darf. Von weich zu stark, von führend zu fügend, von dominant zu hingebungsvoll. Sexualität und Weiblichkeit beschäftigen sich mit einem sehr wichtigen Teil: dir selbst. Es geht dabei nur um deinen Körper, deine Sinnlichkeit, deine Gefühle, deine Intensität, deine Grenzen. Wenn du beginnst, deine Persönlichkeit mehr zu entfalten, wird sich auch deine Sexualität verändern.

Frage dich doch einmal, was dich daran hindert, dich wirklich weich und weiblich zu zeigen. Ich kann dir aus eigener Erfahrung sagen: Wenn du deine eigene Weiblichkeit anerkennst, wirst du sie ausstrahlen, und dein Leuchten werden auch andere erkennen. Es ist wie ein Magnet für Menschen, die sich auch von diesem Leuchten anstecken lassen möchten.

Oft empfinden wir Frauen uns in unserer Weiblichkeit wie gebremst oder fremdgesteuert. Wir fühlen uns nicht wirklich, haben das Gefühl, neben uns zu stehen, oder denken, dass wir gar keine wirkliche Lust empfinden können. Wir projizieren diese Gedanken dann auf unseren Partner, denken, er ist nicht der Richtige, weil wir kein Bedürfnis nach Sex haben.

In diesem Fall kann ich dir sehr ans Herz legen, die hormonelle Verhütung einzustellen. Wenn du dich einmal mit der Funktion der Pille auseinandersetzt, wirst du erkennen, dass sie der größte Faktor ist, deine Weiblichkeit nicht richtig ausleben zu können. Die Pille verändert unseren Körper zu etwas, was er nicht ist.

Die Pille wirft uns aus unserem Sein, warum das so ist, ist ganz einfach zu erklären: Der Körper bekommt die Information, dass er schwanger ist und deshalb keine neue Eizelle befruchtet werden muss. Wenn wir schwanger sind, brauchen wir keine anziehenden Signale an das andere Geschlecht zu senden, wir brauchen keine Erotik mehr, da wir ja schon befruchtet sind und Leben in uns wächst. Daher regelt unser Hormonhaushalt das, und wir empfinden weniger Lust. Wir leben mit der Pille quasi gegen unseren Rhythmus, gegen die Natur. Unser Körper befindet sich in einem fremdgesteuerten, künstlichen Zustand.

Mit dem Absetzen der Hormone haben wir die Möglichkeit, unseren Körper richtig spüren zu können. Ich hatte früher mit meinem Verhütungsring unfassbar oft körperliche Spannungszustände, war hin- und hergerissen, konnte mich selbst nicht wirklich ausstehen. Mit dem Absetzen habe ich das erste Mal wieder Kontrolle über meinen Körper bekommen. Konnte lernen, mich richtig zu spüren und hatte das Gefühl, wirklich in meinem Körper zu Hause zu sein.

Viele Frauen, so auch ich, haben große

Angst, mit der hormonellen Verhütung aufzuhören. Wir fürchten unreine Haut und haben Angst, dass unsere Brust wieder kleiner wird. Der Alptraum ist der unvorhersehbare Zyklus! Wie grausam wäre die Vorstellung, in den Urlaub zu fliegen und die Periode zu haben? Ich kann dir sagen: Entspann dich! Es ist alles Gewöhnungssache.

Unser Zyklus sollte nichts sein, was uns Last und Ärger macht, unsere Periode ist ein Geschenk, denn ohne sie wäre kein Leben möglich. Ich habe irgendwann aufgehört, meine Periode als etwas Stressiges oder Schlechtes zu sehen. Ich habe verstanden, dass ich in diesen Tagen sehr feinfühlig und intuitiv entscheide. Ich bin in dieser Zeit sehr bei mir, versuche unnötige Termine zu vermeiden und die meiste Zeit zu Hause zu verbringen und mich um mich zu kümmern. Natürlich kann ich nach meinem Zyklus keine Uhr mehr stellen, und manchmal fallen die Tage auch in Zeiträume, in denen es nicht so gut passt. Doch ganz ehrlich? Es gibt wirklich Schlimmeres. Es sind wie immer deine Gedanken, die das Drama machen.

HEUTE FREUE ICH MICH, WENN MEINE PERIODE DA IST. ICH DENKE MIR: »TOLL, EIN ZEICHEN VON MEINEM KÖRPER, DASS ICH GESUND UND FRUCHTBAR BIN.«

Ich kenne durch meine frühere Essstörung und schwere psychischen Erkrankungen auch Phasen, in denen sie vollkommen ausgeblieben ist. Wenn wir nicht gesund sind, zeigt sich das manchmal eben auch in unserem Zyklus. Seit ich dankbar für meine Periode bin, haben auch die starken Schmerzen aufgehört. Jetzt nehme ich mir Zeit, meinen Bauch zu massieren, in die Badewanne zu gehen oder mir eine Wärmflasche zu machen. Allerdings nicht mit dem Gedanken »Schmerz, geh weg, du nervst«, sondern eher mit der Intention »Danke, dass ich einen so wunderbaren Körper habe«.

Die Angst, nach dem Absetzen der Pille so viele Probleme zu haben, ist ein bisschen naiv und zweischneidig. Denn gleichzeitig bedeutet das ja auch, dass du dir darüber bewusst bist, dass all diese Symptome nur deshalb weg sind, weil du jeden Morgen Chemie schluckst, die deinem Körper nicht guttut. Die Wahl hast du natürlich selbst! Doch ich kann dir sehr ans Herz legen, deinem Körper diese Chance mal zu geben.

In deinen eigenen Rhythmus und deine eigene Geschwindigkeit zurückzufinden, kann etwas sehr, sehr Heilsames für dich, deinen Körper und deine Weiblichkeit sein.

Podcastfolge:
Let's talk about sex

WENN DU DEINE AUGEN SCHLIESST, WIE FÜHLST DU DICH AN?

WAS SIND DIE BEFÜRFNISSE DEINES KÖRPERS?

IN WELCHEN SITUATIONEN FÜHLST DU DICH AM SICHERSTEN?

WO IM LEBEN LIEGT DEINE GRÖSSTE SEHNSUCHT?

WANN FÜHLST DU DICH AM SINNLICHSTEN?

WAS HINDERT DICH DARAN, DICH VERLETZLICH ZU ZEIGEN?

Podcastfolge:
Minimalismus leben

ERSETZE DAS WORT »ABER« DURCH
EIN »UND«. INDEM WIR DAS WORT
»ABER« BENUTZEN, ENTWERTEN WIR
OFT DEN VORANGEGANGENEN SATZ.
EIN »UND« IST WENIGER WERTEND
UND WEICHER.

Minimalismus
WENN ES LEICHT IN DIR WIRD

Lass uns jetzt zu einem Kapitel kommen, das in meinem Leben ebenfalls sehr viel verändert hat. Wir alle haben das Bedürfnis danach, uns leicht zu fühlen und nicht allzu viel Last mit uns herumzutragen. Doch um uns leicht zu fühlen, müssen wir alten Ballast loswerden, und zwar in mehr Bereichen, als du vielleicht zu Beginn denkst. Das Thema Minimalismus kam zu einer Zeit in mein Leben, in dem viel in mir im Umbruch war. Ich hatte das Gefühl, dass ich permanent in den Energien von anderen Menschen hing und mich viel zu viel mit ihren Gedanken und Ansichten beschäftigt habe. Das kam daher, dass ich unglaublich viel konsumiert habe. Ich habe Bücher gelesen, war auf Seminaren und Workshops, habe mir täglich Podcasts angehört und versucht, mich in ganz vielen verschiedenen Bereichen weiterzubilden und zu wachsen. Persönliche Weiterentwicklung ist ein wichtiger Bestandteil meines Lebens. Manchmal brauchen wir einen Perspektivwechsel und Impulse von anderen Menschen, um unser eigenes Leben wieder intensiver zu gestalten, uns zu verändern.

Es hat mir gutgetan, Motivationsrednern zu lauschen, die Erfahrungen von anderen Selbstständigen zu lesen oder auch Lebenserfahrungen und Ansichten von Menschen zu hören, die teilweise sehr extreme Auffassungen und Ansichten vom Leben haben. Ich beobachtete, dass ich die Einstellungen von anderen Menschen einfach blind übernahm, weil sie mich sehr begeistert hatten. Beispielsweise verbrachte ich viel Zeit mit Analysen zur Zielgruppe meines Business und deren Verkaufsstrategie. Umso mehr ich von diesem Verkaufstrainer konsumierte, desto mehr merkte ich, wie ich die Worte verwendete, die er in seinen Seminaren häufig benutzte. Ich versuchte seine Strategien auf meine Kunden anzuwenden oder in meinen Workshops das Wissen weiterzugeben, das ich durch seine Methoden erlernt hatte. Doch irgendwann stellte ich fest, dass das gar nicht meine Art und Weise war, die Dinge anzugehen. Ich wurde beeinflusst und habe gar nicht gemerkt, wie sehr ich mich damit identifiziert habe.

Meine Work-Life-Balance war durch ein paar äußere Veränderungen unausgeglichen, ich konnte gar nicht genug vom Leben bekommen. Da ich meine ganze Jugend mit Arbeit und dem Abarbeiten von persönlichen Themen verbracht hatte, habe ich diese Monate extrem genossen. Ich war viel unterwegs, habe wochenlang meine neue Wohnung eingerichtet und unglaublich viel Zeit mit mir selbst verbracht. Ich habe gespürt, dass ich in der letzten Zeit nicht ganz so ehrlich zu mir selbst gewesen war, und stellte fest, dass diese ganzen Energien und Einflüsse von außen ziemlich überhandgenommen hatten. Ich wusste gar nicht mehr richtig, was eigentlich meine Ansichten zu verschiedenen Themen waren.

ICH HATTE REGELRECHT SEHNSUCHT DANACH, MICH WIEDER GANZ OHNE DEN EINFLUSS VON AUSSEN WAHRZUNEHMEN.

Was würde passieren, wenn ich genau das einmal abstellen würde? Welche Impulse und Bereiche öffnen sich in mir, wenn ich morgens den Tag damit beginne, in meiner Energie aufzuwachen, anstatt mir von außen anzuhören, dass ich positiv denken muss, visualisieren sollte, dankbar sein oder mein Umfeld ändern muss. Wie wäre es, wenn ich den Morgen nicht mit einem motivierendem Podcast starten, sondern mal wieder in mich selbst reinhören würde? Was passiert mit mir, wenn ich nach dem Aufwachen nicht als Erstes mein Handy in die Hand nehmen würde, um zu sehen, was im Social-Media-Bereich über Nacht so passiert ist? Sondern Musik anmache und einfach in den Morgen tanze oder ihn mit einer kleinen Einheit Yoga beginne?
Es weckte mein Interesse, und so begann ich nach und nach, alles auszuschalten.

Ich entabonnierte bei Instagram alle meine Follower. Dazu muss ich sagen, dass ich in gewisser Weise auch von Social Media lebe. Fotografin, Speaker auf Bühnen, Workshops, Buchvermarktung … ohne Social Media ist das fast undenkbar. Doch es musste alles weg. Ich stellte fest, dass das Entabonnieren sehr interessante Ver-

änderungen mit sich brachte. Ich folgte nie Unmengen an Menschen, vielleicht dreihundert Accounts, die sich aus Freunden, Familie, Workshop-Teilnehmern und Vorbildern zusammensetzten. Natürlich ist es mir nicht leichtgefallen, auch engen Freunden zu entfolgen, doch anstatt mich dafür schlecht zu fühlen, sprach ich das Thema ganz offen an und erklärte, dass ich ein Projekt startete, über das ich später berichten möchte.
Ich forderte die Menschen sogar dazu auf, das Gleiche zu tun! Bei meiner Community stieß ich dabei auf verdächtig viel Verständnis, es kamen nur ein paar wenige Hassnachrichten, doch der Ärger war nur von kurzer Dauer. Jedes Mal, wenn ich mein Instagram öffnete, stand da: Du bist auf dem aktuellen Stand, es gibt keine neuen Beiträge. Wahnsinn! Kein Einfluss mehr von außen – ich hatte plötzlich so viel mehr Zeit! Natürlich interessierte ich mich immer noch gezielt für das Leben der Menschen, die mich sehr inspirierten, doch deren Namen musste ich dann manuell in die Suchleiste eingeben.
Überprüfe mal für dich: Wie vielen Accounts folgst du, die dir eigentlich nicht guttun? Auch das hat mit Minimalismus zu tun. Minimalisiere deine Social-Media-Kontakte, denn manchmal merken wir gar nicht mehr, wie viel Einfluss das auf uns und unseren Alltag nimmt. Im nächsten Kapitel Selbstliebe vs. Social Media werde ich darauf noch mal intensiver eingehen. Denn dieses Thema ist größer als gedacht.

Meine Tage wurden also freier, mein Kopf leerer und ich hatte wieder Zeit, mich mit ganz neuen Bereichen zu beschäftigen. Plötzlich begann ich die Welt in einem ganz anderen Licht zu sehen. Themen wie Umweltschutz und Nachhaltigkeit kamen in mein Leben. Ich fragte mich morgens unter der Dusche, was da eigentlich wirklich in meinem Shampoo drin ist, damit meine Haare so weich werden. Ich analysierte mein Waschmittel und dessen Inhaltsstoffe. Und ich war entsetzt! Wo ist unsere Welt da hingekommen? In was für einer Wegwerfgesellschaft bewegen wir uns? Wie heuchlerisch ist diese Selbstliebe eigentlich? Da kaufe ich mir ein Duschgel, auf dem »Zeit für mich« steht, und in Wahrheit befinden sich darin Mikroplastik, Weichmacher und Palmöl.

Moment, dachte ich mir …

SELBSTLIEBE SOLL SICH GANZHEITLICH GUT ANFÜHLEN, UND NIEMAND SOLL DARUNTER LEIDEN MÜSSEN. AUCH NICHT DER PLANET, AUF DEM ICH LEBE!

Ich nehme mir so viel von dem, was die Natur zu geben hat. Die Sonne füllt mich mit Vitamin D und Glück, der Wind bringt Bewegung in meine Seele, die Berge lassen mich zur Ruhe kommen, das Meer stillt meine Sehnsucht, und ich unterstütze mit meinem Duschgel die Zerstörung des Planeten, nur weil ich mir etwas »Gutes« tun will?

Ich reduzierte mein gesamtes Sortiment an Kosmetik. Früher tuschte ich mir jeden Morgen die Wimpern, um einen schöneren Augenaufschlag zu haben und meine Augen dunkel zu unterstreichen. Heute lasse ich das. Die Augen sind der Spiegel meiner Seele. Ich wollte mir nicht mehr schwarze Farbe dahin schmieren und mich gleichzeitig wundern, wenn Menschen das Gefühl hatten, mich nicht richtig sehen zu können. Stattdessen ist Lippenstift meine Leidenschaft geworden. Rote Lippen stehen für mich für Weiblichkeit, und ich liebe es, das auszustrahlen.

Der nächste Schritt war, mein Waschmittel selbst zu machen. Alles, was es dazu braucht, ist Wasser, Kernseife und Soda – 2 Minuten aufkochen – fertig. Ich weiß, was drin ist, und es macht meine Wäsche genauso sauber. Kein Dreck im Abwasser, keine Weichmacher mehr auf meiner Haut. Ich wechselte zu fester Seife und begann, mein Shampoo selbst herzustellen. Klar, der Körper braucht ein wenig für die Umstellung, doch er wird es dir danken. Ich habe mich seit bestimmt einem halben Jahr nicht mehr mit Bodylotion eingecremt. Mit der App »Codecheck« scannte ich im Supermarkt meine bisher genutzten Produkte und war geschockt. In wirklich jedem Produkt versteckte sich Mikroplastik oder Weichmacher. An meine Haut lasse ich nur noch natürliche Öle, vor allem Kokosöl, und ich kann dir sagen: meine Haut ist einfach unfassbar weich und zart.

Überlege dir doch einmal für dich, wie wichtig dir dieser Bereich ist.

Für mich ist es wichtig, dass es keine Radikalität bekommt. Auch ich wasche mir im Hotel mal die Haare mit dem Shampoo, das da ist. Auch ich dusche mal bei Freunden und verwende ihre Produkte. Doch es ist mir wichtig, dass ich es bewusst tue, dass ich weiß, was ich an mich und meinen Körper ranlasse.

Wenn du einmal ganz bewusst deine Kosmetik durchschaust, wirst du feststellen, dass du unglaublich viele Produkte davon nicht benötigst. Wir kaufen Shampoo auf Vorrat, wenn es im Angebot ist, wir haben Duschgele in verschiedenen Duftrichtungen und bekommen Unmengen an Seife oder anderen Artikeln geschenkt. Badezusatz, Spülung, Kur, Lotions, Cremes oder andere Kosmetikprodukte füllen unsere Schränke, und wenn wir ehrlich sind, benutzen wir vermutlich nur 30 % davon regelmäßig. Ich begann damit, die Sachen aufzubrauchen und zu verschenken. Wegwerfen fühlt sich in diesen Momenten wohl am einfachsten an und würde die Sache beschleunigen, doch das ist ja nun auch nicht wirklich sinnvoll.

Ein weiterer Punkt im Bereich Badezimmer ist das Plastik. Fast alle Kosmetikprodukte sind in Plastik verpackt. Ich wechselte zur festen Seife, füllte mein selbsthergestelltes Shampoo in Glasbehälter und nähte mir aus alter Kleidung wiederverwendbare Wattepads. Auch Tampons und Binden verbannte ich aus meinem Bad! Bis dato dachte ich nämlich, meine Tampons bestehen einfach nur aus Wolle, sind chemiefrei und superverträglich. Fehlanzeige! Dioxin ist ein Gift, das beim Bleichprozess von beispielsweise Baumwolle mit Chlor entsteht, Formaldehyd wirkt desinfizierend und tötet Keime – ist jedoch wiederum auch krebserregend. Bei unseren Tampons steckt dieser Stoff in der Folie, und da alle Tampons einzeln verpackt werden, gerät auch diese keimtötende Substanz an unsere Monatshygiene.

Und das war noch nicht mal alles, die Liste ist lang! Phthalate sind Weichmacher, die man in Gegenständen wie Spielzeug oder Duschvorhängen findet. In Europa ist diese Substanz sogar in vielen Produkten verboten – jedoch gilt das nicht für alle Weichmacher. Stiftung Warentest hat 2011 (test, 02/2011) in zehn von fünfzehn Slipeinlagen am Klebestreifen Phtalate gefunden. Mädels, das ist doch widerlich! Warum werden wir über so etwas nicht umfangreich aufgeklärt?

Mittlerweile haben sich einige Firmen auf die Herstellung von Biotampons spezialisiert und versprechen 100% ökologische Produkte ohne schädliche Stoffe. Das sollte nicht die Ausnahme, sondern der Normalzustand sein!

Doch für mich kam auch Biobaumwolle nicht in Frage, ich wechselte zur Menstruationstasse. Kennst du noch nicht? Dann solltest du dich dringend mal damit beschäftigen!

WIR BENÖTIGEN FÜR UNSERE PERIODE MEHR ALS 10.000 TAMPONS! WAS FÜR EINE UNFASSBARE MÜLLMENGE! UND DA SIND DIE BINDEN NOCH GAR NICHT DAZUGEZÄHLT!

Die Menstruationstasse ist einfach und wiederverwendbar. Hergestellt aus medizinischem Silikon oder Kautschuk ist sie frei von Schadstoffen und ein Zeichen von wirklicher Selbstliebe! Sie sammelt das Blut, du kannst sie regelmäßig leeren, auswaschen und wieder benutzen – fer-

WASCHMITTEL SELBST MACHEN

2 L Wasser kochen

+ 30 g geraspelte Kernseife

+ 2 EL Waschsoda

+ 5 Tropfen Duftöl

flüssigrühren, bis sich die Kernseife auflöst

5 Stunden stehen lassen

+ 0,5 L Wasser hinzu

erneut aufkochen

abkühlen & fertig ist es!

Jedes mal wenn ich in den Bergen bin, erkenne ich, wie unwichtig materielle Dinge sind. Wie leicht sich alles anfühlt, wenn ich mit wenig Gepäck nur mit mir selbst unterwegs bin. Dann wird alles klein. Alles leicht.

tig! Kein Müll, keine Chemie und das Schöne: Du lernst deinen Körper noch besser kennen.

Viele Freundinnen reagierten erst mal mit »Iiih, mein Blut will ich aber gar nicht sehen«, doch Mädels, Hand aufs Herz – es gibt wirklich Ekligeres. Wenn wir uns in den Finger schneiden, finden wir unser Blut auch nicht ekelig. Nur weil es an einer anderen Stelle des Körpers herauskommt, hat es trotzdem den gleichen Ursprung: Es kommt aus uns. Für mich war es total interessant zu sehen, wie sich Farbe, Konsistenz und Menge des Bluts im Laufe meines Zyklus verändern.

Weiter mit dem Thema Minimalismus ging es im Kleiderschrank. Was befriedige ich wirklich mit dem Bedürfnis, immer wieder shoppen zu gehen? Wie ist mein Stil, wenn ich mich auf fünfzig Teile im Schrank beschränke? Basics, Sport- und Abendkleidung, eher besondere Highlights anstatt Shirts in fünf verschiedenen Farben und drei Größen? Und wie kann ich auch mit Ausstrahlung, Schmuck oder anderen Details mehr Stil in mein Auftreten bekommen? Es fühlte sich so gut an! Ich verkaufte meine Kleidung im Internet, ging auf Flohmärkte, schenkte Schuhe an Freunde weiter und reduzierte radikal. Vor allem reduzierte ich das Einkaufen.

Ich schaute mir Dokus zum Thema Textilproduktion in Bangladesch an und war entsetzt! Was herrschen dort für schlimme Arbeitsbedingungen und Sicherheitsstandards für die Näherinnen? Wenn ich jetzt bei H&M und Co einkaufe, bin ich mir darüber bewusst, wo das Kleidungsstück herkommt, was es für einen langen Weg hinter sich hat und wie es hergestellt wurde. Ich versuche mich mehr auf Firmen zu fokussieren, die in Deutschland produzie-

ren und investiere lieber mehr Geld in Einzelstücke, die qualitativ hochwertiger sind. Nach und nach ging ich Raum für Raum durch meine Wohnung und versuchte mit gutem Gewissen zu minimalisieren. Ich verschenkte viel, spendete es oder modelte es irgendwie um. Aus alten Kleidungsstücken nähte ich Geschenksäckchen, um auf Geschenkpapier zu verzichten. Glasflaschen verwendete ich als Waschmittelbehälter wieder. Ich lebe jetzt reduzierter, aufgeräumter und leichter.

Das Thema Minimalismus erreichte viele weitere Bereiche meines Lebens. Ich sortierte mein Telefonbuch im Handy aus – weg mit all den Kontakten, die man nicht mehr braucht! Ich beschäftigte mich mehr mit dem Thema Atmung und Gesundheit, schaute mir zig Dokus zu interessanten Themen an und hatte das Gefühl, mehr bei mir anzukommen. Das war also der Rhythmus, den mein Herz annahm, wenn ich alles um mich herum ausstellte. Vielleicht ist es bei dir etwas ganz anderes. Vielleicht kommen andere Themen und Bereiche in dir zum Vorschein. Meine Seele hatte das Bedürfnis nach Leichtigkeit. Und so lebe ich. Der einzige Bereich, in dem ich wirklich zu viel habe, sind Gefühle und Pflanzen! Ich liebe es, eine grüne Wohnung zu haben! Über sechzig Pflanzen finden sich auf meinen fünfzig Quadratmetern, und ich genieße die frische Luft um mich herum. Ich mag minimalistische Einrichtung mit Herz und Liebe zum Detail.

Denn wie viel brauchen wir wirklich zum Glücklichsein? Was ist wirklich wichtig? Mein Opa hat früher schon immer gesagt: »Ich habe nichts, ich begehre nichts, ich bin frei!« Er erklärte mir, dass ich mit nichts in diese Welt geboren werde und mit nichts gehen werde. Alles, was ich dazwischen begehre, ist temporär. Natürlich ist es wichtig, den Sehnsüchten auch nachzugehen, wenn du etwas haben möchtest, was dich – auch wenn nur temporär – zufriedenstellt, dann gönne es dir!

Du kannst für dich selbst reflektieren, was du mit deiner Ernährung zu dir nimmst, wie weit du dich mit dem Thema Umweltschutz beschäftigen möchtest und auch, was Nachhaltigkeit für dich bedeutet. Welche Kleidung du trägst, welchen Einfluss Social Media auf dich hat oder mit was du deine Haare wäschst ist absolut und zu 100% deine eigene Verantwortung und Entscheidung. Und es ist wichtig, dass du dir darüber auch bewusst bist! Du bist in diesen Bereichen dein eigener Chef, und das ist gut so!
Es ist nicht meine Aufgabe, die Welt zu belehren, auch wenn ich mir jeden Tag wünsche, dass mehr Menschen umdenken würden. Wir sind dabei, unseren Planeten zu zerstören, und ich finde, an diesem Punkt sollte jeder für sich selbst einmal reflektieren, wie er das mit seinem eigenen Verhalten verhindern kann. Auch ich bestelle hin und wieder mal mein Essen online und habe daher mehr Plastikmüll als an anderen Tagen, dafür verzichte ich zu 100% auf Plastiktüten beim Einkaufen. Ich reise sehr selten mit dem Zug, sondern fahre viel Auto und fliege, dafür spende ich regelmäßig Geld und unterstütze soziale Vereine.

Elisabeth Raether, Autorin beim Zeitmagazin, hat das ganze Thema für mich auf den Punkt gebracht:

»HIER IST EIN VORSCHLAG: JEDER MENSCH SOLLTE DORT EIN GUTER MENSCH SEIN, WO ER ES SEIN KANN. DIE EINEN ESSEN WENIGER FLEISCH, DIE ANDEREN HABEN IMMER EIN OFFENES OHR FÜR IHRE FREUNDE. DIE EINEN ESSEN NUR BIO, DIE ANDEREN ERZIEHEN IHRE KINDER ZU ANGENEHMEN MENSCHEN. ES MUSS GAR NICHT JEDER ALLES RICHTIG MACHEN!«

(Die Zeit online, 13. März 2014, Artikel: Wochenmarkt: Say Cheese!)

Checkliste

- ☐ KLEIDERSCHRANK AUSSORTIEREN
- ☐ TELEFONBUCH AUSMISTEN
- ☐ APPS LÖSCHEN
- ☐ BADEZIMMER AUSMISTEN
- ☐ SPAZIERGANG OHNE HANDY
- ☐ ES IST ZEIT FÜR »DIE SCHUBLADE«
- ☐ TRENN DICH VON ANDENKEN & ALTEM BALLAST
- ☐ ORDNER & BÜROARTIKEL ÜBERPRÜFEN
- ☐ GEWÜRZREGAL AUSMISTEN
- ☐ SCHMINKE & KOSMETIK REDUZIEREN
- ☐ DEKO WEGRÄUMEN & OBERFLÄCHEN LEEREN
- ☐ SORTIERE DEINEN GELDBEUTEL AUS
- ☐ BÜCHER, CDS & DVDS – WAS BRAUCHST DU WIRKLICH?
- ☐ MENSTRUATIONSTASSE KAUFEN
- ☐ KOSMETIK SELBST MACHEN
- ☐ CODECHECK INSTALLIEREN
- ☐ INSTAGRAM AUSSORTIEREN

In kleinen Schritten leichter werden

WAS BEDEUTET ES FÜR DICH, DICH LEICHT ZU FÜHLEN?

IN WELCHEN BEREICHEN KÖNNTEST DU NACHHALTIGER SEIN?

WIE BELOHNST DU DICH NACH DEM AUSMISTEN?

Grenzen setzen

LERNE NEIN ZU SAGEN

Tust du oft Dinge, die du eigentlich gar nicht machen willst, aber du konntest mal wieder nicht Nein sagen? Ärgerst du dich häufig darüber, dass andere dir nicht mit genauso viel Respekt begegnen wie du ihnen? Wie oft überschreitet jemand deine Grenzen, du lässt es einfach so geschehen und ärgerst dich anschließend über dich selbst?

Ich kenne dieses Gefühl nur zu gut. Meine eigenen Grenzen zu setzen und diese vor allem auch zu halten, war schon immer ein großes Thema für mich. Ein Thema, das mir Schwierigkeiten bereitet.

Vielleicht erkennst du dich schon in den ersten Zeilen wieder, und vielleicht stehst du auch an dem gleichen Punkt wie ich damals: Ich habe eigentlich gar keine Ahnung, wo meine Grenzen überhaupt sind. Lass uns in diesem Kapitel ein wenig genauer auf das Thema Grenzen blicken und herausfinden, was dir wirklich wichtig ist.

Grenzen setzen ist einer der schwierigsten Bereiche in meinem Leben. Harmonie ist ein so wichtiger Faktor für mich, dass ich es unfassbar anstrengend finde, mich in manchen Situationen für mein Wohl und gegen die Erwartungen anderer einzusetzen. Ich glaube, wir alle kennen es, emotional an unsere Grenzen zu kommen und uns ausgelaugt zu fühlen und uns dann schon wieder ein Stück weit selbst dafür zu bestrafen. »Warum bin ich so blöd und habe schon wieder Ja gesagt, obwohl ich mir eigentlich vorgenommen hatte, das nicht mehr zu tun?«

Wenn wir Ja sagen, obwohl wir Nein meinen, ist das anstrengend, und es entfernt uns von uns selbst. Um dir das etwas besser zu erklären, solltest du dir klarmachen, dass jedes Ja auch ein Nein zu etwas anderem ist, und jedes Nein ist auch ein Ja. Entscheidest du zum Beispiel: »Ja, ich werde am Wochenende arbeiten«, heißt

das: »Nein, ich werde die Zeit nicht frei haben.« Sagst du aber: »Nein, ich werde diese Aufgabe heute nicht erledigen«, sagst du wiederum: »Ja, ich habe heute Zeit für mich.«

Wie alles im Leben hat auch jede Entscheidung, die du triffst, zwei Seiten.

Wir haben ein großes Bedürfnis danach, von anderen Menschen gebraucht zu werden. Wir möchten das Gefühl von Ablehnung nicht fühlen müssen und sehnen uns nach Nähe und Anerkennung. Es ist uns wichtig, mit unseren Mitmenschen in Harmonie zu leben. Wir möchten anderen zeigen, dass man sich auf uns verlassen kann, denn es ist ein wichtiger und hoch angesehener Wert, zuverlässig zu sein. Innerlich spüren viele von uns auch einen Drang oder eine Sehnsucht, zu helfen. Wir möchten unterstützen und tatkräftig mit anpacken. Das gibt uns ein höheres Selbstbewusstsein und stillt auch unser Sicherheitsbedürfnis. Denn wir wollen aktiv etwas zum Leben der anderen beitragen.

Nichts ist schlimmer für uns, als herzlos oder gleichgültig beschrieben zu werden. Wir wollen nicht egoistisch wirken.

Ich muss immer wieder grinsen, wenn Freunde zu mir sagen »Ach, sind wir heute wieder ein wenig egoistisch, Alexandra?« Dann kann ich stolz sagen: »Selbstliebe sieht nur von außen aus wie Egoismus«, denn ich habe es diesmal geschafft, zu meinen Grenzen zu stehen. Meine Freunde nehmen mir das nicht krumm. Sie wissen, wie schwer es mir fällt, Nein zu sagen. Es ist keine leichte Aufgabe, sich selbst mehr Priorität zu geben als den anderen.

In Sachen Grenzen setzen gibt es für mich folgende wichtige Punkte:

1. Mach dir bewusst, dass du immer die Wahl hast! Du bist für dich selbst verantwortlich und triffst deine eigenen Entscheidungen.

2. Die Entscheidungen, die du triffst, sind temporär und dürfen jeder Zeit revidiert werden. Keine Entscheidung ist endgültig, und alles im Leben darf sich verändern.

3. Wenn du dich nicht gleich entscheiden kannst: Nimm dir Zeit! Es muss nicht immer nur ein Ja oder ein Nein sein, manchmal reicht für den Beginn ein Vielleicht.

4. Erforsche deine Grenzen – in welchen Bereichen hast du vielleicht ein Körpergefühl, das du sonst übergehst? Bekommst du Bauchschmerzen nach Entscheidungen oder Kopfweh, wenn du voreilig gehandelt hast? Nimm deinen Körper wahr!

5. Kommuniziere deine Grenzen deutlich. Sage, was dir wichtig ist und warum du so entscheidest. Bevor du Angst hast, jemanden zu verletzen, kannst du auch mit einem Gegenangebot kommen. »Du, heute passt es mir leider nicht mehr rein, ich brauche wirklich Ruhe. Morgen könnte ich dir abends sehr gerne helfen.«

6. Behandle dich selbst so, wie du deine beste Freundin behandeln würdest. Das heißt, dass du deine Grenzen auch selbst akzeptierst und dir Gutes tust. Vielleicht hast du für andere viel mehr Verständnis als für dich selbst?

7. Zoome aus der ganzen Situation heraus. Andere reden schlecht über dich und dir versaut das den ganzen Tag? Zoome in deinen Vorstellungen mal nach oben und schau dir die Situation mit mehr Abstand an. Ist dieses Problem nächste Woche noch relevant für dein Leben? Vielleicht ist es den ganzen Ärger gar nicht wert.

8. Hör auf, dich für deine Bedürfnisse und Gefühle vor anderen zu entschuldigen. Du bist niemandem eine Rechenschaft schuldig. Am Ende des Tages trägst du nur die Verantwortung für dich und deine Entscheidungen.

9. Setz dir deine Ziele nicht zu hoch. Vielleicht reicht es, in einer kleinen Situation das nächste Mal mehr bei dir zu blieben. Deine Schritte sollten jedoch so klein und doch so groß sein, dass sie zwar machbar sind, dich jedoch schon auch ein wenig herausfordern und Anstrengung von dir abverlangen.

10. Grenzen setzen und halten ist nicht immer einfach und kann gerade zu Beginn auch schmerzhaft sein. Doch sei dir bewusst: Du erkennst das Potential deiner Entwicklung in Zeiten des Schmerzes noch nicht. Das Gefühl der Erleichterung kommt in manchen Situationen zwar sofort, manchmal dauert es auch ein wenig, bis du den wirklichen Erfolg deutlich spürst.

11. Belohne dich, wenn du es geschafft hast, bei dir zu bleiben und dich selbst nicht zu übergehen! Kleine Erfolge sind viel wert, gerade wenn du deine Entscheidungen das erste Mal bewusst getroffen hast.

Wo setzt du deine Grenzen?
Wo hört dein Bereich auf?
Wo fängt ein anderer an?

Podcastfolge:
Grenzen setzen & halten

Selbstliebe vs. Social Media
DIE TÄGLICHE HERAUSFORDERUNG

Kommen wir zum letzten Kapitel dieses Buches. Wir sind bis hier durch viele verschiedene Teile unserer Persönlichkeit gelaufen. Wir haben tiefere und leichtere Themen bearbeitet, haben gemeinsam reflektiert und innegehalten. In mir macht sich eine gewisse Leichtigkeit bemerkbar, ich freue mich unglaublich darüber, dass ich fast am Ende angekommen bin. Es war ein spannender Prozess, und ich bin unglaublich dankbar für dieses tolle Projekt. Auch für mich war es noch mal eine tolle Möglichkeit, mich so intensiv mit meiner eigenen Selbstliebe zu beschäftigen. Doch das letzte Kapitel hat es noch mal in sich. Ich glaube nämlich, dass wir heutzutage in unserer Selbstliebe einen unfassbar großen Endgegner haben, jedoch keinen, den wir einmalig besiegen können, sondern eher eine Art Endgegner, der uns immer wieder aufs Neue herausfordert. Social Media.

Social Media, was bedeutet das eigentlich? Social ist laut Wikipedia ein Synonym zu »gesellschaftlich«. Im erweiterten Sinn bedeutet es »gemeinnützig, hilfsbereit, barmherzig«. Media steht für Medien. Das bedeutet in der Zusammenführung: interessante Themen gemeinnützig in den Mittelpunkt stellen. Doch ist das wirklich das, was Social Media heute für uns bedeutet?

Ich erinnere mich noch gut an die Tage, an denen ich stundenlang mit meiner besten Freundin telefoniert habe. Eigentlich hat sie nur ein paar Straßen weiter gewohnt, doch wir haben jede freie Minute genutzt, um uns über das Telefon auszutauschen. Ich war ungefähr neun Jahre alt und hatte natürlich kein Handy. Damals gab es so was einfach nicht. Meine Eltern kamen immer wieder in mein Zimmer und haben mich gebeten, mit dem Festnetztelefon aufzulegen, da sie ins Internet wollten. Damals war das aus technischen Gründen nicht gleichzeitig möglich. Das Internet, ein großes Mysterium.

»Ich glaube nicht, dass sich das durchsetzt«, hat meine Oma immer liebevoll gelächelt. »Wir sind auch ohne dieses Hightech groß geworden, geh lieber raus spielen«, sagte sie liebevoll. Ich glaube, dass vor zwanzig Jahren niemand damit gerechnet hätte, dass das alles mal so kommt, wie es jetzt gekommen ist.

Ein Leben ohne Social Media ist heutzutage fast undenkbar. Wir sind dauerhaft online, überall erreichbar und können uns ein Leben ohne unser Smartphone kaum mehr vorstellen. Die Digitalisierung kam wie eine große Welle. Es ist fast wie eine neue Zeit, eine neue Wirklichkeit. Und jede Zeit hat ihr eigenes Tempo, ihre eigenen Regeln. Wir können Freunden mit wenigen Klicks heutzutage problemlos Geld senden, Videos und Bilder in Sekunden austauschen und uns von überall auf der Welt wirklich jeden denkbaren Artikel bestellen und nach Hause liefern lassen. Manchmal sogar noch am selben Tag!

Man braucht sich nicht mehr durch alte Bücher wühlen, Wikipedia oder Google haben alles Wissen für uns kostenlos parat. Wir können online studieren, uns weiterbilden, mit anderen in Verbindung treten – und wenn wir ganz ehrlich sind, gibt es eigentlich nichts, was wir online nicht tun können. Das ist unfassbar schön und hilfreich.
Doch wie alles im Leben hat auch dieser Bereich zwei Seiten.

DENN WENN WIR EHRLICH ZU UNS SIND, NIMMT UNS DAS AUCH EIN GANZ SCHÖNES STÜCK FREIHEIT. ES HINDERT UNS DARAN, UNS WIRKLICH NUR AUF UNS SELBST ZU KONZENTRIEREN, GANZ BEI UNS ZU BLEIBEN UND AUCH MAL WIRKLICHE EINSAMKEIT INTENSIVER ZU ERFAHREN.

Ich erinnere mich noch gut an die Urlaube in meiner Kindheit. Jedes Jahr sind mein Bruder und ich mit meinen Eltern in die Sonne geflogen. Wenn so ein Urlaub vor der Tür stand, war es absolut klar: Wir sind nicht erreichbar! Meine Mama hat schon Wochen vor dem Abflug ganz liebevoll die Bilder aus den Reisekatalogen ausgeschnitten und an die Wohnzimmertür geklebt, damit wir uns schon vorher jeden Tag auf das freuen konnten, was uns dort erwartete. Täglich zu sehen, wie

groß der Pool ist und wie viele Rutschen dort auf uns warten, hat unsere Vorfreude um einiges gesteigert. Dort gab es kein Internet, und wenn, war es unbezahlbar. Freunde zu Hause haben auf den Tag gewartet, an dem wir wiederkamen, damit wir ihnen alles im kleinsten Detail erzählen konnten. Urlaub war ein Abenteuer.

Jetzt sitze ich gerade in der Business Class des A380 auf dem Weg von Dubai nach München, schreibe am letzten Kapitel meines Buches – und ich bin online! Wie ist das möglich? An Flughäfen gibt es freies WiFi, und ein Hotel ohne WLAN, das bis zum Strand reicht, ist eh undenkbar. Wir sind überall immer erreichbar, und zwar für jeden! Das ist schön und nicht schön gleichzeitig. Denn jeder von uns muss seine eigenen Grenzen ziehen. Das allerdings ist so unglaublich schwer, da wir in der Zeit der Digitalisierung gar keinen Umgang mit diesen Grenzen gelernt haben. Und da liegt dann auch das Problem.

Wenn ich mich früher in der Grundschule mit meiner besten Freundin für vier Uhr nachmittags auf dem Spielplatz verabredet habe, dann war man um vier Uhr auch da. Wenn eine von uns erst zwanzig Minuten später kam, dann hat man aufeinander gewartet. Dann kam eben irgendwas dazwischen, es wird schon einen Grund gehabt haben. Und wenn eine von uns nicht aufgetaucht ist, sind wir eben zu dem Elternhaus gelaufen und haben einfach mal an der Tür geklingelt. Wie einfach!
Heute ist das anders. Wir verabreden uns nicht mehr. »Ich schreib dir dann später noch mal«, sagt man und sendet sich im Laufe des Tages zahlreiche Sprachnachrichten, um einen Treffpunkt festzulegen. Wenn man dann endlich losgeht, darf natürlich auch die Nachricht »bin jetzt un-

terwegs« nicht fehlen, passend dazu gibt es auch noch den Lives-Standort, damit unser Date genau verfolgen kann, wo wir uns aktuell aufhalten. Wenn wir dann da sind, sind wir nicht einfach da und warten. Wir texten zur Sicherheit noch mal »bin da« oder rufen am besten gleich noch mal an. Wir können eigentlich gar nicht mehr nicht kommunizieren. Und das ist manchmal so anstrengend! Denn zu viel Kommunikation schafft zu viele Missverständnisse und bringt uns immer wieder weg von uns selbst. Würden wir uns einmal einigen, zu welcher Uhrzeit und an welchem Treffpunkt wir uns verabreden, hätten wir die Zeit dazwischen mehr Zeit mit uns selbst. In die Not zu kommen, den anderen immer zu informieren, bringt uns manchmal innerlich in einen gewissen Stress. Und Stress gepaart mit Missverständnissen ist eine große Bedrohung für die Selbstliebe.

DOCH WIE SOLL ICH LERNEN, MICH VON ETWAS ABZUGRENZEN, WAS UNUNTERBROCHEN VON ALLEN SEITEN IMMER ZUGÄNGLICH UND VERFÜGBAR IST? WAS MEIN LEBEN SELBST DANN BEEINFLUSST, WENN ICH DAS MEDIUM AKTIV GAR NICHT NUTZE, ABER ES AUS DEM ALLTAG GAR NICHT MEHR WEGZUDENKEN IST?

Wir sind selbst für unseren Konsum verantwortlich. Es ist unsere Entscheidung, wie viel und wie intensiv wir konsumieren. Ich habe meine WhatsApp-Benachrichtigungen beispielsweise immer ausgestellt. Es ist meine Entscheidung, wann ich die App öffne und meine Nachrichten lese. Ich möchte mich im Alltag nicht mehr durch

die Vibration meines Handys aus meinen eigenen Momenten reißen lassen, nur weil jemand anders mir etwas mitteilen möchte. Und ich will auch nicht sofort, wenn ich mein Handy in die Hand nehme, um das Wetter zu checken oder ein Foto aufzunehmen, auf meinem Startdisplay die ersten Worte der Nachrichten lesen. Bewusster Umgang kann sehr befreiend sein. Manchmal fällt mir erst mittags auf, dass ich noch gar keine Nachrichten geschaut habe. Dann freue ich mich darüber, dass ich wohl absolut mit meinem Leben beschäftigt war, anstatt digital zu versumpfen.

Ein weiteres großes Problem der sozialen Medien ist das Vergleichen mit anderen Personen. Lass mich mit dem Beispiel Instagram beginnen. Instagram ist eine Social-Media-Plattform, auf der wir Fotos und Videos posten können, anderen Accounts folgen und miteinander in Verbindung kommen können.

Wenn du Instagram regelmäßig benutzt, möchtest du vielleicht einmal für dich selbst überprüfen, wie viel Zeit du dort verbringst? Welchen Accounts folgst du? Wer sind die Menschen, die du jeden Tag auf deinem Handydisplay angezeigt bekommst? Und wie viel Zeit des Tages geht für diesen Bereich drauf? Und vor allem: Wann nutzt du Instagram am meisten?

Instagram ist meiner Meinung nach eine der besten Social-Media-Plattformen, und es macht mir persönlich unglaublich viel Spaß, mit den Menschen dort in Verbindung zu sein. Doch Vorsicht! Auf Instagram warten nicht nur Einrichtungstipps und Inspiration durch Worte und Kunst, sondern auch ein spannender und kluger Algorithmus. Beginnen wir einmal einem Account zu folgen, schlägt uns Instagram

Podcastfolge:
Umgang mit Social Media

täglich ähnliche Accounts dieser Art vor. Vielleicht folgst du einer Influencerin, die hauptsächlich Bikinibilder vom Strand postet und sich dabei ziemlich vorteilhaft in Szene setzt. Mit langem blonden Haar, scheinbar perfekter Haut, großer Brust, flachem Bauch, Oberschenkellücke und braungebrannt lächelt sie dir mit wehendem Haar täglich genau dann aus deinem Handy entgegen, wenn du noch verpennt im Bett liegst und die Zahnpastareste von deinem Monsterpickel auf dein Kopfkissen bröseln. »Da möchte ich auch gerade sein«, denken wir, schenken ihr mit dem Doppeltap ein Herz und scrollen weiter durch unseren Feed. (Falls du dich aber stattdessen gerade fragst, warum man Zahnpasta auf Pickel schmiert, ich weiß nicht, ich habe das mal irgendwo gelesen, und es hilft!)

Am nächsten Morgen finden sich mehr Frauen dieses Typs auf unserer Neuigkeitenseite. Warum?

INSTAGRAM NIMMT DAS, WAS UNS GEFÄLLT, UND SCHLÄGT UNS NOCH MEHR DAVON VOR! IRGENDWANN SEHEN WIR NUR NOCH DIESE BRAUNGEBRANNTEN MÄDELS MIT DEN UNREALISTISCH DÜNNEN BEINEN AM STRAND, UND UNSER FRAUENBILD VERÄNDERT SICH UNTERBEWUSST.

Wir denken: Das ist die Realität. Aber das ist falsch! Denn als gelernte Mediengestalterin kann ich dir sagen, dass alle diese Bilder durch Photoshop laufen! Beine werden verlängert, Taillen verschmälert und Hautunreinheiten verschwinden mit wenigen Klicks. Das, was wir sehen, ist eine Verfälschung der Wirklichkeit. Wir

beginnen uns unterbewusst mit diesen Instagram-Bildern zu vergleichen.

Warum sehe ich am Strand nicht so toll aus? Warum werden meine Bilder nicht so wie die von ihr? Und wie zur Hölle schafft sie es, an all diesen tollen Sehenswürdigkeiten immer alleine zu sein? Ich kann dir sagen: Das ist alles so organisiert. Wirst du von einem Reiseveranstalter eingeladen, eine Kooperation einzugehen, wird alles Menschenmögliche gemacht, damit die perfekten Bilder entstehen.

Du wirst in Dubai auf der Aussichtsplattform des Burj Khalifa vor allen anderen reingelassen, bis du die perfekten Bilder hast, oder gewisse Bereiche werden einfach einen Moment gesperrt. Natürlich machst du deine Safaris auch nicht mit anderen Mitreisenden, sondern mit einem separaten Auto, mit eigenem Guide und genau zu den Zeiten, zu denen die Sonne am besten steht. Dein Hotelzimmer hat den besten Ausblick, das größte Bett und perfekten Service – denn das Hotel bezahlt dich ja quasi dafür, mit dem Zimmer Werbung zu machen. Mit ein bisschen Fotowissen und dem richtigen Bildbearbeitungsfilter würdest auch du in der Lage sein, perfekte Bilder zu machen. Versteh mich nicht falsch, ich möchte nicht alle Influencer über einen Kamm scheren! Als Fotografin weiß ich, dass ein Auge geschult sein muss, kreative Ideen nicht jedem liegen und hinter so einem Instagram-Account viel, viel Arbeit und Ausdauer stecken. Das stelle ich mit keinem Satz in Frage, ich möchte dich nur darauf hinweisen, dass diese Fotos mehr als nur ein guter Schnappschuss aus dem realen Leben sind. Hier stecken viel Vorbereitung, Arbeit und Retusche dahinter. Aber das Ergebnis ist nicht die Realität! Und es ist nicht das, womit wir unser Leben vergleichen sollten!

Doch soll ich dir sagen, was eigentlich traurig an der ganzen Sache ist? Ich kann dir gar nicht sagen, wie oft ich junge Mädels mit großen Instagram-Accounts persönlich erlebt habe. Es war zum Teil wirklich schockierend. Die hübschen, unkomplizierten und lockeren jungen Frauen bringen im echten Leben manchmal nicht mal ein Hallo über die Lippen, von einem Lächeln ganz zu schweigen!

DIE PERFEKTE POSE FÜR INSTAGRAM SITZT ZWAR SCHNELL, ABER EIGENTLICH FINDEN SIE SICH DOCH AUF JEDEM ZWEITEN BILD ZU DICK ODER ZU HÄSSLICH. DIE GESICHTER, DIE UNS TÄGLICH FREUDESTRAHLEND ENTGEGENLACHEN, FÜHLEN SICH IM WAHREN LEBEN AUCH NICHT WIRKLICH WERTVOLL UND SCHÖN.

Sie sind geprägt von dem Bild, was sie von außen bekommen und verstärken das durch ihr Handeln natürlich noch selbst. Doch wenn man wenig Selbstbewusstsein hat, ist es natürlich befriedigend, so Bestätigung zu bekommen. Um so einsamer und schlechter man sich fühlt, desto mehr Zeit investiert man in soziale Netzwerke. Und dann beginnt sich das Hamsterrad zu drehen.

Wenn wir fremden Menschen digital folgen, also ein sogenannter »Follower« werden, erhalten wir viel Einblick in das Leben dieser Person. Durch die täglichen Posts, also die Fotos und die dazugehörigen Texte, machen wir uns ein Bild von diesem Menschen und bekommen auch ein Gefühl für ihn oder sie. Durch die Instagram-Storys sehen wir in 15 Sekunden langen Videoschnipseln Sequenzen aus ihrem Leben: Wie und mit wem die Person lebt, wie ihre Wohnung aussieht und womit sie ihren Tag verbringt. Konsumieren wir das täglich, haben wir schon nach wenigen Wochen das Gefühl, diese Person zu kennen. Mir passiert das ziemlich oft, wenn ich Menschen auf Workshops das erste Mal real vor mir sehe. Da höre ich immer wieder: »Es fühlt sich an, als würde ich dich schon ewig kennen, weil ich dich schon zwei Jahre online verfolge.«

In gewisser Weise ist das auch so! Instagram bietet eine tolle Möglichkeit, Menschen nah zu sein, mitzuverfolgen, was deine Freunde so erleben oder täglichen Klatsch und Tratsch deines Lieblingsstars aufzusaugen. Doch überprüfe mal für dich selbst, wie weit du gehst.

In meinen Storys war ich supervielel mit meiner besten Freundin und Geschäftspartnerin Marina zu sehen. Wir bereisten gemeinsam die Welt, gaben viele Seminare und teilten wirklich viele unserer verrückten Momente mit Tausenden Menschen hinter ihren Smartphones. Nachdem ich ein paar Tage in meinem Elternhaus verbrachte und mir zwischen den vielen Reisen ein wenig Zeit für mich nahm, kamen die ersten Nachrichten: »Hast du Streit mit Marina? Was ist mit euch beiden?« Als Erstes las ich über diese Worte hinweg, doch dann begriff ich: Es ist für einen wildfremden Menschen da draußen wirklich interessant und wichtig, wie die Beziehung zu meiner besten Freundin gerade ist. Und zwar so wichtig, dass dieser fremde Mensch sich darüber nicht nur Gedanken macht, sondern auch noch aktiv die Zeit investiert, sich über die aktuelle Situation zu informieren.

Sollte mich das beruhigen oder mir Angst machen? Marina und ich nahmen das vorerst auf die leichte Schulter, lagen in Österreich im Bett und reagierten darauf öffentlich auf Instagram.

»Es scheint euch ja brennend zu interessieren, was der eigentliche Status zwischen uns beiden ist. Macht euch doch mehr Gedanken um euer Leben und eure Wünsche, als euch über uns Gedanken zu machen. Stimmt's, Mausi?«, kommentierte Marina lachend in die Kamera und drückte mir einen Schmatzer auf die Backe. Die Menschen wurden neugieriger: »Schlaft ihr eigentlich immer gemeinsam in einem Bett, habt ihr was miteinander?« – »Alex, du hast doch einen Freund?« – »Seid ihr ein Paar?«

Gerüchte kamen auf, ich hätte meinen Freund für Marina verlassen und wäre in einer Beziehung mit ihr. Wir nahmen uns diese Aussagen eigentlich kaum zu Herzen und ließen die Menschen mit ihren Gedanken und Fragen alleine. Je mehr man zu diesen Anspielungen Stellung bezieht, desto mehr Fragen und Spekulationen würden kommen.

Doch im Nachhinein hat mich das sehr nachdenklich gemacht.

Mich erreichte eine Nachricht von einer mir fremden Frau: »Hey, ich komme aus Hamburg. Mir hat heute eine Freundin in der Schule erzählt, dass du letztes Wochenende ziemlich angetrunken in der Karaokebar warst. Ich finde, du solltest ein Vorbild für andere sein und keinen Alkohol trinken.«

Okaaaay! Stopp! Was passiert hier gerade? Ich trinke in der Tat sehr, sehr wenig Alkohol, und mein letzter Vollrausch muss über fünf Jahre zurückliegen. Doch wen hat das zu interessieren, und wieso bin ich da überhaupt Gesprächsthema? Und vor allem: Woher wusste sie, dass ich in dieser Karaokebar war?

Ich stellte fest: Meine Follower begannen auch meinen Freunden zu folgen und erfuhren auf diesem Weg schnell, wenn ich mit ihnen unterwegs war. Das alles war ziemlich beängstigend, auch wenn es sich vorerst um Einzelfälle handelte. Ich begriff, wie schnell und unberechenbar diese Social-Media-Welt auch sein kann.

Social Media begann sich in mein Privatleben einzumischen. Es ging sogar so weit, dass mich Menschen in Marinas Storys mit einer anderen blonden Frau verwechselten und meinen damaligen Freund kontaktierten. »Ey, ich hab grad Marinas Instagram-Story gesehen, da steht Alex in ner Disco im Hintergrund rum und brüllt, sie wäre Single und würde jetzt ihr Leben feiern.« Dass ich zu diesem Zeitpunkt gar nicht in dem Club war, war diesen Followern total egal. Es hat fast den Anschein gemacht, als wollten da Menschen mutwillig mein Leben zerstören.

ES GAB KEINE GRENZE MEHR ZWISCHEN REAL UND ONLINE.

Mein damaliger Freund ist unglaublich wütend und verletzt gewesen. Zu Recht! Er hatte es selbst nicht mal gesehen, sondern nur Nachrichten von anderen bekommen. Ich habe mich sofort ins Auto gesetzt und bin über 400 Kilometer zu ihm gefahren, um die Situation aufzuklären. Während dieser langen Fahrt wurde mir so viel bewusst. Ich war der Meinung, dass meine Freunde und Familie doch wissen, wie ich wirklich bin. Dass sie das, was sie dort sehen, und das, was ich bin, auseinanderhalten können. Natürlich bin ich im echten Leben auch so, wie ich mich online zeige, es ist auch ein Teil von meiner Persönlichkeit. Doch in dieser Nacht begriff ich, wie schwammig die Grenzen waren. Alles vermischte sich und spitzte sich zu. Und das war nicht gut!

Wenn wir über einen längeren Zeitraum täglich Storys von den gleichen Menschen ansehen, dann gehört diese Person quasi zu unserem Alltag. Während ich weiß, wo meine Mama sich gerade aufhält oder wie lange mein Freund heute arbeitet, weiß ich auch, dass Person XY gerade im Urlaub auf dem Weg zum Fotoshooting ist, aktuell noch schnell irgendwo einkauft und abends ins Kino geht. Wir nehmen teil am Leben einer fremden Person und vermischen die Grenzen. Das ist ein bisschen wie fernsehen. Wenn wir unsere Lieblingsserie schauen, versinken wir manchmal richtig in den Geschichten und haben das Gefühl, dass diese Serie ein Teil von unserem Alltag ist. Und hey, wir alle wissen, wie beschissen sich das anfühlt, wenn deine Lieblingsserie plötzlich abgesetzt wird oder die letzte Folge naht. Doch online ist das nicht so. Es gibt immer wieder neue Plattformen, wir sehen nicht nur Videos, sondern auch Fotos, hören Audiodateien, Podcasts oder verfolgen Lifestreams. Es gibt so viel mehr zu konsumieren! Und somit auch mehr Raum für Fehlinterpretationen.

LASS MICH VIELLEICHT NOCH EIN BEISPIEL AUS DEM LEBEN HINZUFÜGEN. DENN OFT IST DIE SOZIALE PLATTFORM AUCH NUR DAS WERKZEUG, MIT DEM WIR UNS VERMEINTLICHE SICHERHEIT VERSCHAFFEN.

Du lernst jemanden kennen, bist superverliebt und stalkst trotzdem auf Instagram die Profile seiner Exfreundin oder Affäre. Ich weiß nicht, warum wir Frauen so selbstschädigend sind. Im Endeffekt bringt es uns rein gar nichts. Wir vergleichen uns mit wildfremden Menschen, die wir aufgrund von 3 Bildern beurteilen, und denken, wir wissen etwas über die Persönlichkeit der Unbekannten. Und was

bringt es uns? Nichts! Ja, dann weiß ich, dass sie gerade mit drei Freundinnen in Italien am Strand liegt und einen blauen Bikini trägt, in dem ihr Bauch viel flacher aussieht als meiner. Doch immerhin weiß ich, dass sie gerade zu weit weg ist, um meinem Freund über den Weg zu laufen. Und hey – sie trägt mindestens eine Kleidergröße mehr als ich! Fühle ich mich dann besser? Ist es schlimmer, wenn sie schwarze Haare hat, obwohl ich blond bin? Weil, ach du Scheiße – sie ist ja ganz anders als ich! Oder ist es besser für mein Ego, wenn sie optisch der gleiche Typ Frau ist wie ich? Was sind das eigentlich für Gedanken und wenn du mal ehrlich zu dir selbst bist, was bringen sie dir? Rein gar nichts. Es ist Zeitverschwendung. Es ist der Lauf des Lebens. Und wie viel besser könntest du deine Zeit nutzen, als dich mit Fremden aus dem Internet zu vergleichen?

Hey – Hand aufs Herz! Wir alle tun es. Und es ist auch wichtig, die Gefühle zuzulassen. Steigere dich drei Minuten lang rein, lass alles zu, kotz dich aus, werte sie ab oder ihn oder beide. Und dann lass es los. Du bist wundervoll. Wir können unsere Zeit wirklich besser nutzen. Und das meine ich damit, wenn ich sage, ich möchte Verantwortung übernehmen. Mir tut es nicht gut, mich zu vergleichen. Ich habe mich dazu entschieden, es nicht mehr zu tun. Und das merke ich in den kleinen Momenten des Alltags. Wenn ich vor Instagram sitze und mir denke: »Jetzt könnte ich mal wieder gucken, was ...« Nein. Könnte ich, tu ich aber nicht! Stopp. Aus. Es tut mir nicht gut und es bringt niemandem was. Es muss nicht von heute auf morgen anders sein und doch darf es sich langsam verändern. Ganz in seiner Zeit.

Wir beginnen uns unterbewusst mit den Personen, die wir nur digital kennen, zu

SOCIAL MEDIA ZEIGT NIE ALLES.
DAS, WAS DU SIEHST,
IST IMMER EIN AUSCHNITT DES GANZEN.

vergleichen. Und es war nicht nur der Fall, dass unbekannte Menschen das mit mir taten, sondern ich erwischte mich auch dabei, dass ich das bei anderen tat. »Wieso hat Person XY grad online mehr Erfolg als ich? Und wie kommt es eigentlich, dass ihre Hautunreinheiten so viel besser wurden? Wie schafft sie es, schon wieder eine Kooperation mit einem Hotel zu haben? Warum wurde ich nicht genommen? Was hat diese Person, was ich nicht habe?«

Und ja, es stimmt, über Social Media verschafft man sich Anerkennung. Natürlich stärkt es das Selbstbewusstsein, wenn man eine große Community hat und innerhalb weniger Minuten Hunderte Likes auf ein Foto erhält. Doch irgendwie macht man sich selbst auch etwas vor. Denn man zeigt ja nur das, von dem man möchte, dass andere es sehen. Belügt man sich damit selbst? Ich glaube schon.

Auch deshalb ist es mir so unglaublich wichtig, auch von schwierigen Zeiten zu berichten. Ich nutze oft genau diese beschissenen Tage, um online zu erzählen, wie ich mir wirklich geht. Ich möchte nicht nur eine glatte Scheinwelt im Internet von mir zeigen und damit prahlen, was ich habe und wie erfolgreich ich bin. Ich möchte vor allem den jungen Frauen da draußen Mut machen. Erzähle von meiner Essstörung, von meinen Klinikaufenthalten und den verschiedenen Phasen meiner Trauer. Ich versuche, ein bisschen ein Social-Media-Rebell zu sein!

Und immer wieder sagen mir Coaches: »Das ist nicht so intelligent, du solltest dich so positionieren, dass du wirklich glücklich und erfüllt bist. Sonst investiert ja niemand in dich Geld.« Ehrlich? Bullshit! Ich glaube, dass ich genau dadurch die Aufmerksamkeit bekomme, weil eben nicht immer alles absolut perfekt und einfach ist. Ich zeige den Menschen bewusst, dass es in meinem Leben auch ganz andere Zeiten gab und immer wieder geben wird. Trotzdem höre oft von Freunden oder Bekannten, wie anders ich in echt wäre. Ich sage dann immer: »Nein. Ich bin nicht anders. Ich bin das auch. Es ist auch eine Seite von mir.«

Natürlich spreche ich mit einem Handydisplay nicht so wie mit einem Menschen vor mir. Natürlich argumentiere ich anders, wenn ich in einen Gegenstand spreche, der mir nicht widersprechen kann. Das ist auch vollkommen legitim. Ich bitte dich nur, es nicht negativ zu sehen, sondern als das, was es ist: ein Teil meines Jobs.

WIR HABEN VERSCHIEDENE PERSÖNLICHKEITSANTEILE, DIE IN VIELEN VERSCHIEDENEN SITUATIONEN ZUM VORSCHEIN KOMMEN, UND DAS IST AUCH GUT SO.

Ich versuche so authentisch und nahbar wie möglich zu sein. Vielleicht gelingt mir das nicht immer. Aber das ist auch in Ordnung.

Als aktive Nutzerin von Instagram sehe ich die ganze Sache von zwei Seiten. Auf der einen Seite bin ich in gewisser Weise eine Influencerin. Ich mache zwar superselten Werbung für Produkte und lasse mich dafür auch nicht bezahlen, doch ich nutze Instagram, um Menschen zu inspirieren und zu motivieren. Das ist in gewisser Hinsicht ja auch ein »Influence«, also ein Einfluss. Soziale Plattformen sind für mich hilfreich, um genau die Menschen zu erreichen, die meine Zielgruppe sind. Dabei geht es mir aber nicht darum, auf Instagram etwas zu zeigen, was ich habe und andere nicht. Für mich liegt die Aufgabe viel mehr darin, diese Tools zu nutzen, um meinen Followern etwas zu geben. Ich möchte ihnen in ihrem Alltag immer wieder Mut machen, an sich selbst zu glauben, sie mit kurzen Texten dazu ermutigen, mal in sich selbst reinzufühlen. Und dafür bekomme ich auch von niemandem Geld! Es soll in ihrem Alltag ein kleiner Moment des Durchatmens sein, in dem man zu sich selbst findet. Dazu zeige ich auch gerne, wie ich das in meinem Leben mache. Ich zeige, wie ich mir im Alltag immer wieder einen Moment Auszeit nehme, was meine Morgenroutine ist, was mir gegen schwere Zeiten hilft, oder ganz einfach, wie du deine Selbstliebe auch mehr vertiefen kannst. Doch nur weil ich in der Zusammenfassung 10x einen 15-Sekunden-Videoschnipsel von meinem Tag zeige, heißt das nicht, dass irgendjemand eine Ahnung hat, wie mein Leben ist. Als außenstehender Instagram-Follower weiß man nicht, in welcher Stimmung ich abends ins Bett gehe, man weiß nicht, wie es mir wirklich geht, welche Themen gerade zwischen mir und Freunden stehen, wie groß die Sorgen sind, die ich mir um meine Familie mache. Man weiß nicht, mit wem ich gerade schlafe, wen ich date, wie mein Kontostand ist oder welche Rechnungen schon lange bezahlt werden müssten. Man macht sich das Bild immer nur aus dem, was man gerade sieht. Man spekuliert, urteilt und verschiebt seine Wahrnehmung. Und damit belasten wir uns oft unterbewusst.

Denn eigentlich geht uns das Leben von anderen ja so gar nichts an.

Ich kann dir gar nicht sagen, wie oft ich mich dabei erwischt habe, ewig lang auf Instagram zu hängen und die Leben der anderen zu begutachten. Da sehe ich, wie eine mir unbekannte Person gerade am See liegt und ein Stück Erdbeertorte

isst. Während ich gerade am Flughafen sitze, weiß ich nicht, wann ich das letzte Mal Zeit hatte, am See zu sitzen und die Seele baumeln zu lassen! Wenig später poste ich ein Bild aus dem Flugzeug, auf dem gerade die Sonne hinter den Wolken versinkt. Irgendwo sieht dieses Bild eine Mutter mit drei Kindern und denkt sich: »Was würde ich dafür geben, endlich mal wieder wegzufliegen«, und postet ein Bild mit ihren Kids mitten im Küchenchaos. Eine berufstätige Frau, frisch geschieden, steht in dem Moment in ihrer perfekt geputzten Küche und wünscht sich sehr, einen Mann zu finden und mit ihm eine Familie zu haben. Deprimiert postet sie ein Bild von ihrer neuen Gucci-Tasche, und wieder jemand anders googelt direkt, wo es diese Tasche zu kaufen gibt. Der Kreis dreht und dreht sich, und wir finden keinen Ausstieg.

Social Media zeigt nicht immer nur interessante Themen und stellt sie gemeinnützig in den Mittelpunkt. Es bringt uns auch dazu, uns von uns zu entfernen und unsere Selbstliebe immer wieder aufs Neue in Frage zu stellen.

In meinen Augen ist es die größte Bedrohung unserer Selbstliebe in der heutigen Zeit.

Ich glaube, dass es in unserer Natur liegt, das zu wollen, was wir nicht haben können – auch wenn wir es ironischerweise eigentlich gar nicht haben wollen. Vielleicht geht es gar nicht darum, dass wir in diesen Momenten unser Leben tauschen, sondern ihm nur für einen Moment entfliehen wollen. Ich glaube, wir alle haben diese Augenblicke, in denen wir mal unser Leben anhalten und einfach aussteigen wollen. Das ist menschlich. Und auch wieder absolut in Ordnung.

Unbekannte Personen über Social Media zu konsumieren ist wie die Reflexion einer Wasseroberfläche. Du siehst nur das, was sich auf der Oberfläche spiegelt, du siehst das, was du sehen willst, du nimmst es so wahr, wie du es sehen möchtest, doch du hast keine Ahnung, wie tief dieses Wasser ist. Du weißt nicht, welche Temperatur das Wasser hat. Vielleicht glaubst du, eine Ahnung zu haben, ob es süß oder salzig ist. Doch du weißt es nicht. Alles, was du siehst, ist deine eigene Reflexion an der Wasseroberfläche. Du siehst das, was du sehen möchtest. Und manchmal glaubst du dir deine eigenen Gedanken und Interpretationen.

Ich lade dich ein, dich selbst zu reflektieren, deinen Konsum und dein Verhalten zu überprüfen. Vielleicht gönnst du dir hin und wieder ein paar handyfreie Stunden. Vielleicht möchtest auch du deine Whats-App-Benachrichtigungen ausstellen oder das Handy über Nacht in ein anderes Zimmer legen. Du kannst dich heuzutage in vielen Apps auch mit Zeitfenstern selbst beobachten. So habe ich auf Instagram beispielsweise eine Zeit von 30 Minuten pro Tag eingestellt. Sobald die Zeit um ist, erinnert mich Instagram automatisch daran. Ob ich das Handy dann weglege, ist natürlich meine Entscheidung. Doch es hilft dir, dein Bewusstsein mehr zu schulen. Und wie immer macht die Mischung natürlich auch das Gift! Genieße dein Leben, vergleiche dich nicht zu viel mit anderen und vor allem: Gönne anderen das, was sie besitzen oder erleben, denn sonst machst du das Glück von anderen zu deinem Unglück.

WELCHE SOZIALEN NETZWERKE BESUCHST DU TÄGLICH? WELCHE APPS VERWENDEST DU HÄUFIG?

WIE VIEL ZEIT VERBRINGST DU TÄGLICH ONLINE?

IN WELCHEN SITUATIONEN MÖCHTEST DU DEIN HANDY IN ZUKUNFT LIEBER IN DER TASCHE LASSEN?

IN WELCHEN SITUATIONEN VERGLEICHST DU DICH ONLINE MIT ANDEREN MENSCHEN?

WELCHES GEFÜHL VERMEIDEST DU, WENN DU DICH IN DIE ONLINEWELT FLÜCHTEST?

WELCHE VORTEILE HAT SOCIAL MEDIA FÜR DICH?

Selbstliebe-Impulse
DEINE CHECKLISTE

☐ SCHREIBE DIR SELBST EINE NETTE NACHRICHT
AN DEN SPIEGEL

☐ RUFE EINEN ÄLTEREN MENSCHEN AN, MIT DEM DU
LÄNGER NICHT GESPROCHEN HAST. Z.B. DEINE GROSSELTERN

☐ SCHREIBE EINEN LIEBESBRIEF AN DICH SELBST UND
ÖFFNE IHN ERST IN EINEM JAHR WIEDER

☐ MACHE DREI MENSCHEN HEUTE EIN KOMPLIMENT

☐ MACHE EIN SPAZIERGANG OHNE HANDY

☐ SETZE DICH EIN PAAR MINUTEN VOR DEN SPIEGEL
UND SAGE DIR, DASS DU WUNDERSCHÖN BIST

☐ MACHE EIN FUSSBAD
DEINE FÜSSE TRAGEN DICH DURCHS GANZE LEBEN

☐ KAUFE DIR SELBST EINEN STRAUSS BLUMEN!

- [ ] NIMM EIN BAD ODER DUSCHE LANGE!
  SCHÄUME DICH EIN, FASS DICH AN!

- [ ] DREHE DIE MUSIK AUF UND TANZE DURCHS ZIMMER

- [ ] SAGE DIR DREI MAL LAUT: ICH LIEBE MICH!

- [ ] TRAGE EIN KLEIDUNGSSTÜCK, DAS DU DIR IMMER
  FÜR BESONDERE ANLÄSSE AUFHEBST

- [ ] GÖNN DIR EINE GESICHTSMASKE!

- [ ] PLATZIERE DICH SELBST ALS HANDYHINTERGRUND

- [ ] HÄNGE EIN BILD VON DIR SELBST AN DEINE WAND

- [ ] NIMM DIR ZEIT, DEINE HÄNDE ZU MASSIEREN. SIE
  TRAGEN VIEL, BERÜHREN VIEL, LASSEN LOS, HALTEN
  FEST. SEI GUT ZU DIR SELBST.

- [ ] BEDANKE DICH ABENDS FÜR DREI SCHÖNE DINGE,
  DIE DU TAGSÜBER ERLEBT ODER GEFÜHLT HAST.

Danke schön
WEIL WIR SIND, BIN ICH

Ich danke jedem einzelnen Menschen, der mich im Entstehungsprozess dieses Buches begleitet hat. Viele Gespräche, Inspirationen und Erlebnisse sind in diese Seiten mit eingeflossen. Danke an jeden Einzelnen, der meinen Weg gekreuzt hat und mich dadurch zu Erfahrungen gebracht hat, die ich sonst nicht hätte erleben können.

DANKE AN DICH. Ja genau an dich! Durch deine Liebe zu dir selbst darf ich mit diesem Buch wachsen. **DANKE AN MEINE LESER, HÖRER, FOLLOWER UND MEINE EINZIGARTIGE COMMUNITY.** Eure Worte, eure Unterstützung und euer Vertrauen bestärken mich jeden Tag, das zu tun, was ich liebe. Eure Interesse an Wachstum ist der Grund, warum ich überhaupt die Chance bekommen habe, dieses Buch zu schreiben. Euer Feedback ist meine größte Motivation!

FAMILIE DANKE, MAMA, dass du meinem Leben so viel mehr Tiefe gibst. Unsere Verbindung macht mich stolz und dankbar. Deine Unterstützung ist unersetzbar. **DANKE, PAPA,** deine Liebe fließt durch jede Seite. Es erfüllt mich mit Ruhe, dass so viel von dir ein Teil von mir ist. **DANKE, TOBIAS,** weil ich immer auf dich zählen kann, wenn es ernst wird. **DANKE AN MEINE GROSSELTERN,** die meiner Kindheit so viel Farbe gegeben haben. **DANKE, TAXI,** für jeden einzelnen Tag, jede Minute Kuscheln und deine Treue. **DANKE, GABI,** dass du in einer ganz schweren Zeit nicht von meiner Seite gewichen bist und unsere Familie mit so viel Licht bereicherst. **DANKE, CLARA-FEE,** ich liebe den Zugang, den wir zueinander haben. **DANKE, MOE,** dass du zu den schwersten Zeiten in meinem Leben bedingungslos an meiner Seite warst. Du hast Schlimmes weniger schlimm gemacht. **DANKE AN MEINE GANZE FAMILIE!**

WEGBEGLEITER DANKE, SVENA, dass du mich immer dann gesehen hast, wenn ich mich selbst nicht mehr sehen konnte. Ohne dich wäre vieles nicht das, was es jetzt ist. **DANKE, FLORIAN,** für unser goldenes Polarlicht. Dieser Schleier und unsere Liebe hat einen großen Bereich meiner Seele geöffnet, den ich vorher selbst nicht sehen konnte. **DANKE, CHRISTIANE,** für deine jahrelange Begleitung und all die tiefen Prozesse. **DANKE, KERSTIN EICHHORN,** dass Sie immer ein offenes Ohr für mich hatten und an mich geglaubt haben. **DANKE, MARION,** dass du mit mir damals einfach losgefahren bist. **DANKE AN DIE PANORAMAKLINIK SCHEIDEGG, AN MEINE WENDEPUNKT AUSBILDUNGSGRUPPE, DANKE, CALVIN HOLLYWOOD,** das Business Boot Camp hat mein Leben verändert und ich durfte viel von dir lernen!

FREUNDE DANKE, SASCHA, für deine Liebe, deinen Rückhalt, jeden Badewannen-Abend, unsere Abenteuer und die langen Autofahrten. Du bist einfach immer da und wir sind ein grandioses Team. **DANKE, STEFFI,** für diese unglaublich lange Freundschaft. Und weil du jedes Wort schon verstehst, bevor ich es ausgesprochen habe. DANKE, MARINA, du warst wie ein Schlüssel, um mein Potential sichtbar zu machen. Unsere Freundschaft, unsere Träume, diese Reisen, Laut & Glücklich … das alles hat mein Leben verändert. JORGE (+JANET) für unsere Klarheit, die intensive Freundschaft, die Spontanität und all die mega Momente! DANKE AN MARCO, so viele Jahre, so viele Erlebnisse, so viel Vertrauen! Danke! DANKE, MARLENE, für so unendlich viele Jahre Freundschaft und ein Gefühl, das ich nur bei dir habe. DANKE AN SVENJA, weil mit dir alles so unendlich einfach und ehrlich ist. Danke für jede Aufstellung, jeden Videocall und jede Nummer 37 ohne Koreander. DANKE AN SCHLUNDI für jeden Küchenabend und deine Loyalität. DANKE, HANNAH, vom ersten Moment an wusste ich, dass du mein Leben bereichern wirst. DANKE, ALENA, dass unsere Freundschaft so viele verschiedene Bereiche erfüllt. Ich liebe Zeit mit dir! DANKE, FABSE, für so viele Jahre du und ich. Für das wichtige Wochenende in Rumänien und Heiligabend im Regen. DANKE, SUK-JAE für deinen wertvollen Rat in den richtigen Momenten. DANKE, VERENA, für so viel Tiefe und Achtsamkeit in unserer feinsinnigen Freundschaft. DANKE, JANINE, für jede Nacht, jede Nachricht, alles einfach. DANKE, KATJA, unsere Jugend war etwas ganz Besonderes und ich bin so dankbar, dass du ein Teil davon warst. DANKE AN ULI & BENNI, ihr wart immer da, wenn ich einen Rat gebraucht habe und habt mich auch aus der Ferne durch viele wichtige Entscheidungen begleitet. DANKE, TOBI, für all das, was in diesen paar Monaten schon gewachsen ist. DANKE, JESSI, für so viele Jahre Freundschaft und dass du damals im Oktober einfach da warst. DANKE, URSI, dich an meiner Seite zu haben, während ich das Buch geschrieben habe, hat unterbewusst viel Einfluss auf meine Worte genommen. Danke für diese ganz besondere Zeit! DANKE, VELI, für deine unglaublich wertvolle Arbeit und so viel Unterstützung und Fürsorge in intensiven Phasen. Wir waren ganz besonders zusammen. DANKE, ALEX, für so viele Hochzeiten, gemeinsame Gespräche und Erlebnisse! DANKE, ANNA, für all die intensive Zeit im Büro und den vielen Gesprächen mit dir. DANKE, ANNE, für jedes einzelne Bild mit dir. Unsere Freundschaft ist wie ein eigenes Kapitel meines Lebens. DANKE, MIRCO, dass du mich immer so siehst und schätzt, wie ich bin. DANKE, JUDITH, deine Weiblichkeit hat meine entflammt. Deine Klarheit ist Sauerstoff für meine Seele. DANKE, PAULINA, mich mit dir auszutauschen und uns zu verbinden, bereichert mich so sehr. DANKE AN BIENE & JASMIN, TIM & MARIO, für jede einzelne durchtanzte Nacht, ihr habt mir lange Zeit das Gefühl gegeben, meine Familie zu sein. DANKE, ALEXANDRA, dass du niemals aufhörst so intensiv zu fühlen und so mutig bist, dich auf jedes neues Abenteuer einzulassen.

DANKE AN ALLE, DIE AM BUCH MITGEWIRKT HABEN. DANKE, TATJANA, für jede Sprachnachricht in den Momenten der chaotischen Überforderung. Für die Struktur, die du mir gegeben hast, und die vielen wichtigen Impulse. DANKE AN KATHARINA, MAREIKE, JULIANE UND DEN GANZEN FISCHER VERLAG, ihr habt von Anfang an so viel Vertrauen in mich und dieses Buch gehabt. Danke für eure Ideen, eure Leidenschaft und für diese unglaubliche Chance. DANKE AN ALLE FRAUEN, die ich für dieses Buch fotografieren durfte. Ihr seid wunderschön!

Neugierig?
MEHR VON MIR

Ich biete viele verschiedene Workshops und Seminare zum Thema
Körpererfahrung und Persönlichkeitsentwicklung an. Alle Termine und
meinen Blog findest du hier:
WWW.FRAUHERZ.DE

Fotoshootings & Fotografieworkshops
WWW.FRAUHERZFOTOGRAFIE.DE

MEIN PODCAST: Laut & Glücklich, der Podcast mit Frau Herz
INSTAGRAM: frauherz & frauherzfotografie

Ich freue mich riesig, von dir zu lesen oder dich auf einem meiner
Workshops persönlich kennenzulernen.

Alexandra Woite
FRAU HERZ

Ich wurde 1990 im fränkischen Fürth geboren und bin mit meinen Eltern und meinem jüngeren Bruder ganz idyllisch auf dem Land aufgewachsen.

Nach meiner Schulzeit habe ich eine Ausbildung zur Mediengestalterin und mich parallel autodidakt mit der Fotografie selbstständig gemacht. Seit 12 Jahren begleite ich Menschen fotografisch durch die verschiedenen Phasen des Lebens, gebe Fotografie- und Business-Workshops und habe ein tolles Team, das mich unterstützt.

Mit Mitte 20 begann ich mit der Ausbildung zur kreativen Tanz- und Ausdruckstherapeutin und beschäftigte mich intensiv mit dem eigenen Körper, der Seele und dem persönlichen Wachstum. Seitdem liegt mein Fokus im Coaching und auf Workshops für junge Frauen, die sich selbst und ihr Business zum Aufblühen bringen möchten.

Originalausgabe
Erschienen bei FISCHER New Media
Frankfurt am Main, September 2019
© 2019 S. Fischer Verlag GmbH, Hedderichstr. 114, D-60596 Frankfurt am Main
Lektorat: Tatjana Weichel
Layout: Alexandra Woite
Satz: Oliver Schmitt, Mainz

Bildnachweis:
Coverfoto, S. 36, 144 © Florian Sammer
S. 4, 191 © Verena Wittmann
S. 7, 26, 104, 171, 180 ©Sascha Hübschmann
S. 15, 34, 68, 73, 74, 86, 90, 95, 98, 120, 132, 138, 142, 150, 163, © Marina Scholze
S. 22, 28, 45, 46, 48, 63, 67, 106, 109, 114, 116, 123, 127, 147, 168, 175 © Alexandra Woite
S. 60, 78 © Ursula Kufner
S. 96 © Lisa Scrima
S. 158 © Stephanie Sonderegger
S. 190 © Lisa Soppa

Druck und Bindung: Print Consult GmbH, München
Printed in Hungary
ISBN 978-3-7335-0576-9